Zivilgesellschaftliche Demokratisierungsprozesse
in der Bundesrepublik Jugoslawien

Europäische Hochschulschriften

Publications Universitaires Européennes

European University Studies

Reihe XXXI

Politikwissenschaft

Série XXXI Series XXXI

Sciences politiques

Political Science

Bd./Vol. 402

PETER LANG

Frankfurt am Main · Berlin · Bern · Bruxelles · New York · Wien

Mark Vasić

Zivilgesellschaftliche Demokratisierungsprozesse in der Bundesrepublik Jugoslawien

Perspektiven nach dem Kosovo-Konflikt

(Including an English Summary)

PETER LANG
Europäischer Verlag der Wissenschaften

Die Deutsche Bibliothek - CIP-Einheitsaufnahme

Vasić, Mark:

Zivilgesellschaftliche Demokratisierungsprozesse in der Bundesrepublik Jugoslawien : Perspektiven nach dem Kosovo-Konflikt (including an English summary) / Mark Vasić. - Frankfurt am Main ; Berlin ; Bern ; Bruxelles ; New York ; Wien : Lang, 2000
(Europäische Hochschulschriften : Reihe 31, Politikwissenschaft ; Bd. 402)
ISBN 3-631-35635-8

ISSN 0721-3654
ISBN 3-631-35635-8

Mein Dank gilt dem Institut Društvenih Nauka, Beograd, für die gute Zusammenarbeit. Dank für die Unterstützung gilt der Friedrich-Ebert-Stiftung in Bonn und ihrem Büro in Beograd.

Dieses Buch ist meiner Freundin Susanne Müller und meinen Eltern Margitta und Milorad Vasić gewidmet.

„Der Wechsel des Kapellmeisters
ändert nichts an der Musik“

(Robert Michels, 1907)

VORWORT

Im Frühjahr 1999 führten die NATO-Staaten eine gemeinsame militärische Intervention auf dem Staatsgebiet der Bundesrepublik Jugoslawien durch. Diese NATO-Intervention war jedoch nur die Spitze eines langjährigen Konfliktes. Das politische Geschehen in Jugoslawien interessierte hierzulande nur Wenige. Um so einfacher wurde die öffentliche Auseinandersetzung um ein Für-und-Wider des NATO-Eingriffes: Die Fronten waren scheinbar klar. Doch herrscht auch heute noch ein verklärtes Bild in der Öffentlichkeit von den politischen Konstellationen in Jugoslawien. Eine Auseinandersetzung mit bestimmten politischen und gesellschaftlichen Faktoren fand im Großen und Ganzen nicht statt und war darüber hinaus auch nicht gewollt.

Um so wichtiger scheint nun nach dem grausamen Krieg auf dem Balkan die genauere Auseinandersetzung mit den politischen Wirkungszusammenhängen in Serbien und Montenegro. Dies ist vor allem in einer Zeit, in der ein politischer, wirtschaftlicher und gesellschaftlicher Wiederaufbau der BR Jugoslawien und dessen Provinz Kosovo-Metohija auf der aktuellen Agenda der Europäischen Politik steht, erforderlich.

Diese Analyse der gesellschaftspolitischen und ökonomischen Faktoren steht im Zentrum der vorliegenden Publikation von Mark Vasić. Er erhebt unterschiedliche Potentiale für eine demokratische Entwicklung in Jugoslawien und knüpft damit an die aktuelle Entwicklung an. Vasić analysiert unterschiedliche Zusammenhänge, die im Hinblick auf ihre Aktualität nichts zu wünschen übrig lassen. Vasić schrieb diese Arbeit vor und während der NATO-Intervention und umreißt vergangene und gegenwärtige Entwicklungen. Er sah schon damals die heutige gesellschaftliche Problemstellung voraus und skizzierte auf dieser Grundlage mögliche Perspektiven einer multiethnischen und demokratischen Gesellschaft in der BR Jugoslawien.

Diese Publikation ist ein Beitrag zur Versachlichung des politischen und wissenschaftlichen Diskurses um politische Geschehnisse auf dem Balkan. Mark Vasić legt eine Arbeit vor, die fernab von einseitiger Stellungnahme unterschiedliche Perspektiven und Aspekte berücksichtigt und wissenschaftlich fundiert Position bezieht. Sie ermöglicht dem Leser Zugang zu einer komplizierten Thematik und rückt eine bisher politisch vernachlässigte Region in den Mittelpunkt der Aufmerksamkeit.

Hannover, den 01. September 1999
Prof. Dr. Dietrich Haensch

INHALTSVERZEICHNIS

ABKÜRZUNGSVERZEICHNIS UND GLOSSAR

AI	**Amnesty International.** Internationale Nichtregierungsorganisation, die für Menschen- und Bürgerrechte eintritt.
BBC	**British Broadcasting Company.** Britischer Rundfunksender mit Angeboten auch in Südosteuropa, ähnlich der Deutschen Welle.
BiH	**Bosna-i-Hercegovina** (Bosnien-Herzegovina)
BRJ (SRJ)	**Bundesrepublik Jugoslawien** (Savezna Republika Jugoslavije), bestehend aus den jugoslawischen Republiken Serbien und Montenegro, gemäß Verfassung aus dem Jahr 1992
COMECON/ RGW	**Rat für gegenseitige Wirtschaftshilfe** (Council for Mutual Economic Assistance, 1949-1991) Mitglieder: Bulgarien, ČSSR, DDR, Kuba, Mongolei, Polen, Rumänien, UdSSR, Ungarn, Vietnam, Albanien (bis 1962). Mit der SFRJ gab es ein Assoziierungsabkommen.
CPIJM	**Centar za politikološka istraživanja i javno mnenje.** Zentrum für politikwissenschaftliche Forschung und öffentliche Meinung, Beograd.
CRNS	**Centar za Razvoj Neprofitnog Sektora.** Zentrum für die Entwicklung des Nonprofit-Sektors, Beograd.
DEPOS	**Demokratički Pokret Srbija.** Demokratische Bewegung Serbiens. Wahlbündnis aus oppositionellen Parteien. U.a. SPO, DSS, DS und GSS. Seit 1996 als „Zajedno“ weitergeführt.
DPS CG	**Demokratična Partija Socialista Crnoj Gori.** Demokratische Partei der Sozialisten Montene-

	gros; Regierende Partei in Montenegro.
DS	**Demokratska Stranka.** Demokratische Partei, Vorsitzender: Zoran Đinđić
DSS	**Demokratska Stranka Srbija.** Demokratische Partei Serbiens, Vorsitzender: Vojislav Kostunica
FYROM	**Former Yugoslavian Republic of Macedonia** ist die amtlich und politisch korrekte Bezeichnung der Republik Mazedonien.
GSS	**Građanski Savez Srbije.** Bürgerliche Allianz Serbiens. Vorsitzende: Vesna Pešić.
JUL	**Jugoslovenska ujedinjena Levica.** Jugoslawische Vereinigte Linke, Schwesterpartei der SPS, Vorsitzende ist Mira Marković, Ehefrau des jugoslawischen Präsidenten Milošević.
Kaufkraft-parität	**Kaufkraftparität (PPP-$)** ist die „internationale Kaufkraft" der Währung eines Landes. Sie gibt an, wieviel Einheiten der jeweiligen Währung erforderlich sind, um den gleichen repräsentativen Waren- und Dienstleistungskorb zu kaufen, man für einen US-Dollar in den USA erhalten könnte.
MOE / SOE	**Mittelosteuropäische bzw. Südosteuropäische Staaten.**
NATO	**North-Atlantic-Treaty-Organisation.** Nordatlantische Verteidigungsorganisation. „Westliches" Verteidigungsbündnis.
NROs / NGOs	**Nicht-Regierungs-Organisationen / Non-Governmental-Organisations.**
RFE/RL	**Radio Free Europe / Radio Liberty.** Amerikanischer Radio Sender und Nachrichtenagentur, sendet schwerpunktmäßig in Südosteuropa in

	südslawischer Sprache und unterstützt die demokratischen Medien.
ROG	**Reporter-ohne-Grenzen.** Deutsche Sektion der Reporter-sans-Frontière, internationale Organisation von Medienvertretern und Journalisten, gegen Pressezensur.
RTS	**Radio Televisija Srbija.** Radio und Fernsehen Serbiens, Funk- und Fernsehnetzwerk mit unterschiedlichen Regionalsendern.
SFRJ	**Sozialistische Föderative Republik Jugoslawien**, bestand von 1943 bis 1992 als Bundesstaat der sozialistischen Republiken Slowenien, Kroatien, Bosnien-Herzegovina, Crna Gora (Montenegro), Serbien und Mazedonien.
SPO	**Srpski Pokret Obnove.** Serbische Erneuerungsbewegung. Vorsitzender: Vuk Drašković.
SPS	**Socialistička Partija Srbije.** Sozialistische Partei Serbiens, regierende Partei, Nachfolgerin des Bundes der Kommunisten Serbiens. Vorsitzender ist der jugoslawische Präsident Slobodan Milošević.
SRS	**Srpska Radikalna Stranka.** Serbische Radikale Partei. Vorsitzender ist Vojislav Šešelj
UN / VN	**Vereinte Nationen** (United Nations)
YUM	**Yugoslavian Money** (jugoslawische Währung) ist die offizielle Kurzbezeichnung des jugoslawischen Dinars seit der Einführung im Januar 1994 als „neue“ Währung. In der Regel wird der Umrechnungskurs vom Januar 1994 herangezogen. Das Verhältnis zur DM betrug im Januar 1994 1:1.

1. EINLEITUNG

Das politische Treiben in der Bundesrepublik Jugoslawien (BRJ) findet in den Staats- und Politikwissenschaften der westeuropäischen Staaten nur wenig Beachtung, es sei denn kriegerische Auseinandersetzungen gefährden den Frieden und die Stabilität Europas oder der mittelost- und südosteuropäischen Staaten (MOE/SOE). In den vergangenen Monaten rückte die Auseinandersetzung um eine mögliche Sezession oder Autonomie der serbischen Provinz Kosovo-Metohija[1] das politische Geschehen in der BRJ in das Licht einer europäischen Öffentlichkeit. Eine solche temporäre und selektive Wahrnehmung verschlechtert die möglichen Reaktions- und Aktionspotentiale der politischen Gemeinschaft der europäischen Staaten. Denn erst als das sprichwörtliche Kind in den Brunnen gefallen ist, wurde die Dringlichkeit einer politischen Lösung des Kosovo-Konfliktes von der internationalen Gemeinschaft und den europäischen Staaten erkannt. Anstatt über Jahre kontinuierlich in Richtung einer Demokratisierung der BRJ zu arbeiten, konnte die westeuropäische und transatlantische Wertegemeinschaft nur noch mit einer militärischen Intervention ihre scheinbaren Interessen und Ziele deutlich machen.

In der öffentlichen Debatte erkannte man nur langsam, daß dieser Konflikt tiefe Wurzeln hatte. Die politische und wirtschaftliche

---

[1] Die amtliche Bezeichnung dieser Region lautet Kosovo-Metohija, gebräuchlich sind ebenso die Bezeichnungen Kosmet (serb.), Kosovo oder Kosova, wobei letzter Terminus für eine proklamierte albanische Republik steht, die über eine Exilregierung und einem Präsidenten (zur Zeit Ibrahim Rugova) verfügt. Die jedoch international und national nicht anerkannt wird. Im weiteren Text hält sich der Verfasser dieser Arbeit an der offiziellen oder an der gebräuchlichen Formulierung Kosovo-Metohija resp. Kosovo.

Situation, in der sich die albanisch-stämmige Bevölkerungsmehrheit im Kosovo befindet, stellt keine Besonderheit in Jugoslawien dar. Dieser Fakt scheint vielen unbekannt zu sein. Die selektive Wahrnehmung zieht sich also weiter fort als eine beschränkte Wahrnehmung auf mikro-territorialer Ebene. Eine Eskalation in der Region Kosovo muß vielmehr als ein Ausdruck der Paralysierung einer demokratischen und egalitären Bewegung Jugoslawiens durch eine nationalistische Politik des Regimes gesehen werden. Das Problem besteht nicht nur aus der massiven Mißachtung von Menschen- und Bürgerrechten in der serbischen Provinz Kosovo, sondern vielmehr aus der generellen Mißachtung dieser existentiellen Regeln in der BRJ und den anderen Nachfolgestaaten der SFRJ.

Die südserbische Provinz Kosovo-Metohija ist nun unter internationaler Verwaltung, sie ist jedoch nach wie vor Bestandteil der Republik Serbien und somit auch der BRJ. Obwohl die massiven Vertreibungen der indigenen Bevölkerung ein kurzfristiges Ende mit dem Waffenstillstand des jugoslawischen Staates und der NATO fanden, nehmen systematische Vertreibung und Mord im Namen diffuser Mythen kein Ende.

Aus diesem Grund kann eine politische Lösung des Kosovo-Konfliktes langfristig nur mit Hilfe einer generellen Demokratisierung der jugoslawischen Gesellschaft geschaffen werden, da sich bei einer partiellen Veränderung andere Konfliktpotentiale entfalten könnten.

Die Schwäche und die Perspektivlosigkeit der demokratischen Bewegung in Jugoslawien ist eine Auswirkung der politischen Isolation der BRJ auf dem internationalen Parkett durch die internationalen Sanktionen von 1992 bis 1996. Die Sanktionen zerstörten weitestgehend eine bürgerliche Gesellschaft. Dies muß im Kontext einer Renaissance chauvinistischen Gedankengutes in weiten Bevölkerungsteilen gesehen werden, die letztlich das totalitäre Regime des jugoslawischen Präsidenten Slobodan Milošević und seine auf Serbien zentrierte Politik stützte. Die nationalistische Politik des jugoslawischen und insbesondere des serbischen Regime sowie internationale Ausgrenzung auf kultureller, ökonomischer und politischer Ebene führten zu einer politischen, wirtschaftlichen und sozialen Polarisierung nach ethnischen Gesichtspunkten. Die vorherrschenden Verteilungskämpfe entzogen und entziehen der demokratischen Bewegung die politische Grundlage.

Die Lage der demokratischen Kräfte scheint zum gegenwärtigen Zeitpunkt schlecht, eine mögliche politische Demokratisierung ist momentan undenkbar.

Bezieht man die Zivilgesellschaft, als ein intermediäres Instrument zwischen den Sphären des Staatlichen und des Privaten in die Überlegungen mit ein, so kann konstatiert werden, daß Zivilgesellschaft mögliche Potentiale für eine gesellschaftliche Demokratisierung entfalten könnte. Doch befinden sich zivilgesellschaftliche Organisationen zur Zeit in einer schwachen Lage. Die Schwäche der zivilgesellschaftlichen Organisationen und der sogenannten „Peer-Groups“ hängt mit einem Bedeutungsgewinn der familiären Strukturen zur Überwindung der gegenwärtig existenten finanziellen und sozialen Polarisierung zusammen. Gerade an dem Fallbeispiel der BRJ wird deutlich, wie sehr zivilgesellschaftliches Wirken mit den wirtschaftlichen, sozialen und politischen Bereichen verknüpft ist.

Diese vorliegende Arbeit rückt mögliche Realisierungsmöglichkeiten für eine gesellschaftliche Demokratisierung mit Hilfe von zivilgesellschaftlichen Organisationen (insbesondere der demokratischen Bewegung) in den Vordergrund. Grundlage hierfür ist eine Analyse der wirtschaftlichen und politischen Situation.

Im zweiten Kapitel der vorliegenden Arbeit wird die BRJ im Rahmen einer kurzen Länderstudie vorgestellt. Dies ist dringend notwendig, da in der öffentlichen Auseinandersetzung nach dem Zerfall des sozialistischen Jugoslawiens breite Unklarheiten über das Territorium Jugoslawiens bestehen. Darüber hinaus werden im zweiten Kapitel grundlegende Informationen über den jugoslawischen Staat und dessen Bevölkerung zu finden sein.

Gerade wenn im Zentrum dieser Arbeit der Begriff der „Zivilgesellschaft" steht, muß eine kompakte Auseinandersetzung mit diesem theoretischen Konstrukt stattfinden.

Im dritten Kapitel definiert der Verfasser dieser Arbeit den Terminus der Zivilgesellschaft und grenzt diesen von anderen politischen Erscheinungen ab. Hierbei ist hervorzuheben, daß der Verfasser damit nicht eine mögliche Kontroverse in der theoretischen Auseinandersetzung um den Terminus der „Zivilgesellschaft" darstellt, sondern lediglich wichtige Aspekte der Diskussion herausgreift, die ihm für eine Auseinandersetzung mit der Zivilgesellschaft in der BRJ wichtig erscheinen. Letztlich wird die gegenwärtige Lage der zivilgesellschaft-lichen Organisationen, der NROs, beschrieben.

Das ökonomische und soziale Leben in der BRJ ist durch den Zerfall der SFRJ, einer wirtschaftspolitischen Konzeptlosigkeit der amtierenden Regime, und letztlich durch die internationale Sanktionen von 1992 bis 1996 in eine prekäre Lage gekommen. Gerade da die wirtschaftlichen und sozialen Engpässe die gesellschaftlichen Positionierungen aber auch die Handlungsspielräume der Bevölkerung in Frage stellen, muß im Rahmen dieser Arbeit auch Bezug auf die ökonomische und soziale Lage genommen werden. Dies geschieht im vierten Kapitel. Dort wird die wirtschaftliche Entwicklung seit der Konstituierung der BRJ nachgezeichnet. Da in den Jahren 1992 bis 1996 die BRJ wirtschaftlich, kulturell und politisch isoliert wurde, wird auch auf mögliche soziale und wirtschaftliche Auswirkungen dieses Embargos Bezug genommen. Durch die nahezu vollständige Zerstörung des ökonomischen und ökologischen Ressourcen durch die NATO-Intervention im Frühjahr 1999 muß ein besonderer Augenmerk auf die sozialen Umstände der Bevölkerung geworfen werden.

Im fünften Kapitel wird die Konstitution des politischen Systems, der Institutionen und der Parteien untersucht. Zwei wesentliche Merkmale, eine „serbische Dominanz“ im politischen System und eine „Ethnisierung“ des politischen Systems werden untersucht. Anschließend wird darauf aufbauend der Parlamentarismus und die Parteienlandschaft untersucht. Im Vordergrund dieser Betrachtung stehen die demokratischen Oppositionsparteien. Am Ende dieses Kapitels wird der Rückhalt des Regimes und der Parteien in der Bevölkerung untersucht. Es wird die These eines „legalen aber illegitimen“ Systems untersucht.

Sehr kompakt wird im sechsten Kapitel die Medienlandschaft untersucht. Zwei unterschiedliche Entwicklungstendenzen der Medien werden aufgezeigt. Da jedoch die unabhängigen Medien in der gegenwärtigen Eskalation des Kosovo-Konfliktes starken Repressionen ausgesetzt werden, kommt ihnen für eine Demokratisierung eine besondere Rolle zuteil. Das Schicksal der unabhängigen Tageszeitung Naša Borba („unser Kampf“) soll als Fallbeispiel dienen. Letztlich widmet sich dieses Kapitel einer Ideologie der „Medien als Instrumente der ethnischen Säuberungen".

Aus diesen Analysen resümiert der Verfasser mögliche Erfordernisse und Perspektiven einer Demokratisierung mit Hilfe der demokratischen Bewegung Jugoslawiens. Dies spielt gerade dann eine wichtige Rolle, wenn politische Lösungen für gegenwärtige oder zukünftige Konflikte innerhalb der BRJ gesucht werden. In diesem Sinne wird eine Handlungsperspektive für die demokratischen Kräfte Jugoslawiens entwickelt. Besonderes Augenmerk wird auch auf mögliche Einflußpunkte für internationale Organisationen (wie z.B. Stiftungen, Caritas usw.) gerichtet.

Im Anhang dieser Arbeit befindet sich ein Verzeichnis der für diese Arbeit verwandte Literatur.

Die Möglichkeiten der Literaturbeschaffung sind im deutsch- und englischsprachigen Raum sehr beschränkt. Der größte Teil der Literatur im deutschsprachigen Raum beschränkt sich meist auf die vergangenen kriegerischen Auseinandersetzungen um die Sezessionen Kroatiens und BiHs.

Nur sehr wenige Werke nehmen auf die politische und wirtschaftliche Entwicklung in der BRJ Bezug. Die Bestände der für Südosteuropa wesentlichen Bibliotheken in Deutschland befinden sich in München, Ebenhausen, Köln und Berlin, diese erwiesen sich jedoch als nicht hilfreich. Die Lage im englisch- und französischsprachigen Raum ist ähnlich. So mußte auf wissenschaftliche Werke und Aufsätze direkt aus der BRJ zurückgegriffen werden. Doch war dies nicht allzu einfach, da im Rahmen der Eskalation des Kosovo-Konfliktes nur beschränkt Reisen in die BRJ unternommen werden konnten. Auch die dortige Literaturrecherche erwies sich als sehr schwerig. Dennoch konnten wesentliche Werke neueren Datums erschlossen werden. Hervorzuheben sind hier die zahlreichen Aufsätze und Werke aus dem Dunstkreis des Instituts für Staatswissenschaften der Universität Beograd. Doch liegt bislang auch in der BRJ kein Werk vor, das sich möglichen Demokratisierungsprozessen mit Hilfe zivilgesellschaftlicher Organisationen widmet.

Eine Reihe von Gesprächen mit Vertretern unterschiedlicher NROs, Medien, Parteien und wissenschaftlicher Institute in der BRJ umrahmten die Arbeit und erwiesen sich als überaus hilfreich, gerade zur Ausarbeitung und Überprüfung einzelner Arbeitsergebnisse.

2. LÄNDERSTUDIE BR JUGOSLAWIEN

Am 27.April 1992 gründete sich mit der Verabschiedung einer neuen Verfassung die Bundesrepublik Jugoslawien (BRJ). Die BRJ ist die unmittelbare Nachfolgerin der Sozialistischen Föderativen Republik Jugoslawien (SFRJ). Jedoch besteht derzeit die BRJ aus den beiden (politisch gleichberechtigten) Republiken Serbien und Montenegro. Mit der Gründung dieser Republik entschlossen sich Serbien und Montenegro einen anderen Weg als die anderen Teilrepubliken der sozialistischen SFRJ (Slowenien, Kroatien, Bosnien-Herzegovina und Mazedonien) zu gehen, die seit 1990 eine Eigenstaatlichkeit einforderten und im Falle Sloweniens, Kroatiens und BiHs diese auch kriegerisch erstritten.

Unmittelbar nach der Konstituierung der Bundesrepublik Jugoslawien erließ der Sicherheitsrat der Vereinten Nationen (VN) mit der Petition 757 ein kulturelles, politisches und wirtschaftliches Embargo. Grund hierfür war die ungeklärte Position und Teilhabe des jugoslawischen Staates in den kriegerischen Auseinandersetzungen um die Sezessionen Kroatiens und BiH und den beiden serbischen Enklaven in beiden Staaten. Dieses Embargo wurde erst 1996 suspendiert.

Während eines Höhepunktes einer erneuten Eskalation in der Kosovo-Provinz wurden zeitweise erneut Sanktionen gegenüber der BRJ erlassen, die jedoch nach kurzer Zeit wieder gelockert bzw. suspendiert wurden. International ist die BRJ bislang weiterhin isoliert und wurde bisher noch nicht von den VN als souveräner Staat anerkannt. Erst mit den internationalen Verhandlungen um einer friedlichen Lösung des Kosovo-Konfliktes wurde die BRJ auch vom amerikanischen Staat, der bislang nur „Serbien-und-Montenegro" kannte, de facto anerkannt, da auch Gespräche mit dem jugoslawischen Präsidenten Slobodan Milošević geführt werden mußten.

Die BRJ hat Grenzen zu Kroatien, Bosnien-Herzegovina, Ungarn, Rumänien, Bulgarien, Mazedonien und Albanien. Im Süden des Landes erstreckt sich eine eher kurze Küste des Adriatischen Meeres. Mit einer Fläche von rund 100.000 Quadratkilometer umfaßt die BR Jugoslawien nur ein Drittel der Fläche der Bundesrepublik Deutschland.

Jedoch stellt die militärische Auseinandersetzung zwischen der NATO und der BRJ eine erneute Verhärtung der außenpolitischen Beziehungen dar. Zum gegenwärtigen Zeitpunkt wird Jugoslawien die Teilhabe am „Stabilitätspakt für Südosteuropa“ seitens der westeuropäischen Staaten, insbesondere der BRD verwehrt.

In Folge der militärischen Eskalation zwischen der NATO und der BRJ wurde die südserbische Provinz Kosovo-Metohija unter die administrative und militärische Leitung der VN gestellt. Die jugoslawischen Verwaltungs- und Sicherheitsorgane zogen ab. Die NATO und Rußland versuchen einem erneuten Erstarken des Konfliktes durch militärische Präsenz entgegenzuwirken. Die VN wollen eine politische Verwaltung installieren.

2.1. Die Bevölkerungsminderheiten und Mehrheiten

Die beiden Teilrepubliken Serbien und Montenegro sind zwei sehr ungleiche Länder. So lebt ein Großteil (ca. 10 Millionen Einwohner) der jugoslawischen Bevölkerung in der Republik Serbien. In Montenegro leben lediglich 600.000 Einwohner. Laut dem Statistischen Bundesamt Jugoslawiens leben in der BRJ rund 21 Bevölkerungsgruppen[2], die sich wie folgt aufteilen.

Tabelle 1: Die anteilsmäßige Zusammensetzung der Bevölkerung der BRJ

(Anteile in %)	**Volkszählung 1981**	**Volkszählung 1991**
Serben	62,7	62,6
Monteneginer	5,6	5,0
Jugoslawen	4,8	3,4
Albaner	11,3	16,3
Bulgaren	0,6	0,3
Bunjevatzen	k.A.	0,2
Vlachen	0,3	0,2
Ungaren / Magyaren	3,9	3,3
Makedonen / Mazedonen	0,5	0,5
Muslime	3,0	3,2
Roma („Zigeuner“)	1,1	1,4
Rümanen	0,5	0,4
Ruthenen	0,2	0,2
Slowaken	0,7	0,6
Türken	0,1	0,1
Kroaten	1,6	1,1
Undeklarierte	0,5	0,4
Übrige (z.B. Slowenen, Deutsche)	0,1	0,1
Unbekannt	0,5	0,5
Insgesamt	**9.897.986**	**10.394.026**

(Daten aus: SGJ, 1997: S.63 / vgl. hierzu auch SEEWALD, 1993: S.80f.)

---

[2] Diese Bevölkerungsgruppen werden im Folgenden auch als „Ethnien“ bezeichnet. Die Abgrenzung einer Ethnie muß als flexibles Konstrukt von kulturellen, religiösen oder sprachlichen Eigenheiten gesehen werden.

Jedoch konzentrierten sich ein Großteil dieser Bevölkerungsgruppen auf die Grenzregionen zu den entsprechenden Anrainerstaaten. So auch die serbischen Region Vojvodina, in der überdurchschnittlich viele Bürger ungarischer Herkunft sind oder die serbische Region Kosovo-Metohija, in der 90 Prozent der Bevölkerung albanischer Abstammung ist.

Die Grenzregion zwischen den beiden Republiken Serbien und Montenegro, Sandžak, wird überwiegend von muslimischer Bevölkerung bewohnt. Ein Anteil von rund 3 Prozent „Jugoslawen" ist zu erklären: Die „jugoslawische Nationalität" wurde erst 1971 mit der Volkszählung eingeführt. Nach wie vor sind die Bürger Jugoslawiens jugoslawische Staatsangehörige der serbischen oder der jeweilig entsprechenden Nationalität. Ein großes Problem ist ein hoher Stand von Flüchtlingen aus den ehemaligen jugoslawischen Teilrepubliken Kroatien und BiH. Rund 700.000 Flüchtlinge leben gegenwärtig in der BRJ.

Hauptunterscheidungsmerkmale der unterschiedlichen Bevölkerungsgruppen sind Sprache und Religion. Die Amtssprache in der BRJ ist die serbische Sprache[3], die das lateinische und kyrillische Alphabet benutzt. Die regionalen Unterschiede der serbischen / montenegrinischen Sprache sind nur geringfügig. In den Regionen Vojvodina, Kosovo aber auch in der montenegrinischen Staat Ulcinj wird ungarisch (Vojvodina) bzw. albanisch als zweite Amtssprache geführt. Ansonsten benutzen die Bevölkerungsgrup-

---

[3] Eine jugoslawische Sprache existiert nicht. Die kroatische, bosnische, montenegrinische und serbische Sprache sind gleiche Sprachen (Serbokroatisch). Durch die Eigenstaatlichkeiten der ehemaligen jugoslawischen Republiken wird die Bezeichnung „serbokroatisch" als nicht mehr als zeitgemäß betrachtet. Im Folgendem wird der Verfasser dieser Arbeit die Bezeichnungen „serbokroatisch", „serbisch" und „jugoslawisch" synonym benutzen.

pen ihre eigenen Dialekte oder Sprachen. Die unterschiedlichen Religionen sind ebenso wie die entsprechenden Sprachen oder Dialekte Hauptmerkmal einer Distinktion. Die serbische Mehrheit (44 Prozent der Gläubigen) übt die autokephale „serbischorthodoxe“ Religion aus, daneben sind rund 31 Prozent des katholischen Glaubens (auch ein kleiner Teil der albanischstämmigen Bevölkerung) und 12 Prozent Muslime (der größte Teil der albanischstämmigen Bevölkerung).

2.2. Urbanisierung und verkehrstechnische Anbindung

Rund 50 Prozent der jugoslawischen Bevölkerung lebt in urbanen Ballungszentren. Allein ein Fünftel der Bevölkerung lebt in der Hauptstadt Jugoslawiens, Beograd. Infrastrukturell verfügt die BRJ über eine Anbindung an das internationale Straßennetz (z.B. über die Achse Budapest-Szeged-Subotica-Beograd-Niš nach Sofia) und an das internationale Bahnnetz (z.B. über Subotica-Beograd-Podgorica-Bar).

Internationale Flughäfen sind lediglich die Flughäfen Beograd/Surčin, Podgorica und (im Sommer) Tivat, diese werden auch von internationalen Fluggesellschaften angeflogen. Der inländische Flugverkehr wird von der jugoslawischen Fluggesellschaft JAT (Jugoslovenski Aerotransport) oder Montenegro-Airways bewerkstelligt. Beide Fluggesellschaft sind staatlich, private Fluggesellschaften bestehen nicht.

Internationale Seehäfen sind die Adria-Häfen Bar und Kotor. Für den Warentransfer auf der Donau sind die Häfen von Novi Sad, Beograd und Smederevo von Bedeutung. Gerade während der internationalen Sanktionen spielte der Schmuggel auf der Donau eine zentrale Rolle.

Für den innerjugoslawischen Transfer ist ein engmaschiges Überland-Bus-Netz von Bedeutung. Für den Zugverkehr spielt lediglich die Verbindung Beograd-Užice-Podgorica-Bar eine wichtige Rolle. Aufgrund der prekären wirtschaftlichen Lage sind sämtliche Verkehrsverbindung in einem eher schlechten Zustand. Im Jahr 1999 wird die Fertigstellung einer Autobahn (Autoput) von Subotica nach Rumänien, Bulgarien und Mazedonien (FYROM) geplant. Allerdings werden nun vorrangig verkehrstechnische Anlagen (wie Brücken, Bahnstrecken und Straßen), die während der NATO-Intervention zerstört wurden, wieder aufgebaut.

2.3. Bildungssystem

Das jugoslawische Schulsystem besteht aus einer obligatorischen achtjährigen Grundschule, entsprechenden Berufsschulen und dem Gymnasium. Obwohl die offizielle Analphabeten-Rate mit 7 Prozent der Gesamtbevölkerung angegeben wird, ist anzunehmen, daß der größte Teil der jugoslawischen Bevölkerung nur über eine geringe formale Bildung verfügt.

Auffällig ist ein hoher Anteil von Roma-Kinder und Jugendlichen in den jugoslawischen Sonderschulen. Diese gesellschaftlich marginalisierte Gruppe wird auch im schulischen Bereich an den Rand gedrängt.

In der Vojvodina ist der Unterricht zweisprachig: Ungarisch und serbisch. In der Region Kosovo-Metohija wurde jedoch der albanischsprachige Unterricht seit 1989 systematisch eingeschränkt.

Obwohl in dieser Region die Bevölkerungsmehrheit albanischstämmig ist, wird dort nur in serbischer Sprache gelehrt. Da der größte Teil der albanischstämmigen Bevölkerung im Kosovo das politische System und die staatlichen Institutionen "boykottiert" existiert neben dem regulären System auch ein albanisches System. Dies findet man auch im Bildungssektor wieder. So existieren eigenständige albanische Schulen, und in der Provinzhauptstadt Priština besteht sogar eine freie albanische Universität. Diese Bildungseinrichtungen werden finanziell nicht vom jugoslawischen und serbischen Staat unterstützt. Die Bildungsgänge an den Schulen und an der Universität sind national und international nicht anerkannt. Lediglich Albanien erkennt die Abschlüße an.

Das Universitätswesen in Jugoslawien ist an dem amerikanischen Bildungssystem gekoppelt. Dies bedeutet, daß im wesentlichen „amerikanische" Abschlüsse, wie der Bachelor of Arts (BA, MBA, PhD...) vergeben werden. Das Studium an den staatlichen Hochschulen ist mit einer im europäischen Vergleich geringen Studiengebühr verbunden, die jedoch bei leistungsstarken Studierenden vom Staat als Stipendium getragen wird. Private Hochschulen existieren gegenwärtig nur in Beograd (Braća Karić School for Economy and Management), in Novi Sad (Offene Hochschule) und Subotica. Staatliche Hochschulen existieren in Novi Sad, Podgorica und Priština. Einzelne Institute finden sich auch in Cetinje, Kotor und Niš.

2.4. Die Lage der Menschenrechte

Folgt man der Berichterstattung von Amnesty International (AI) über die Lage der Menschenrechte in der Bundesrepublik Jugoslawien, so scheinen diese für die staatlichen Behörden und Organe von marginaler Bedeutung zu sein. Weitestgehend seien, laut AI, Bürger albanischer Abstammung von Willkürakten und von unüblichen Haftbedingungen betroffen. So heißt es in einer Verlautbarung dieser Nichtregierungsorganisation: „Eskalation der Gewalt und Anwendung exzessiver Gewalt durch die Polizei“ (vgl. hierzu Amnesty International: 1998). In seinen Berichten stellt AI insbesondere die Mißachtung der Menschenrechte gegenüber der albanischstämmigen Bevölkerung in den Vordergrund.

Doch kam es auch zu wesentlichen Mißachtungen von Bürgerrechten gegenüber oppositionellen Studierenden oder Politikern (unabhängig von der ethnischen Abstammung). Während der Studierendenproteste im Winter 1996/1997 und auch während der Eskalation der Kosovo-Krise waren die Studierenden willkürlichen Akten der Polizei ausgesetzt. So wurde z.B. einer der bekanntesten Studierendenvertreter und Gründer der Studierendeninitiative „Widerstand“, Boris Karajčić, bei seiner Rückkehr von einer Vortragsreise durch die USA, von serbischen Zivilpolizisten mehrfach zusammengeschlagen. Andere Studierendenvertreter wurden in Untersuchungshaft geschickt (vgl. hierzu RFE/RL-Newsline v. 07.Januar 1999).

3. ZIVILGESELLSCHAFT – HANDLUNGSRÄUME ZWISCHEN PRIVATER UND STAATLICHER SPHÄRE

Der Terminus der Zivilgesellschaft verfügt im wissenschaftlichen Diskurs der staats-, sozial- und politikwissenschaftlichen Fakultät über eine lange Tradition der Auseinandersetzung. Die Verwendung dieses Begriffes (oder verwandter Begriffe, wie z.B. die Civil Society, die societas civiles oder einer Citizen Society oder einer Bürgergesellschaft) ist weitverbreitet und umfaßt eine Vielzahl und –falt unterschiedlicher Erklärungs- und Anwendungsmuster. Dieser Umstand erfordert vom Autor dieser Arbeit eine grundlegendes Klärung des Verständnisses der verwandten Termini der Zivilgesellschaft.

Der Begriff der Zivilgesellschaft ist nicht das wissenschaftlich zu untersuchende Objekt sondern vielmehr ein Konzept der Analyse – d.h. Zivilgesellschaft als Hilfsmittel, als Werkzeug zur umfassenden Analyse gesellschaftlicher Prozesse.

Die Auseinandersetzung um den Begriff der Zivilgesellschaft zieht sehr weite wissenschaftliche Kreise, der Umfang der in Frage kommenden Literatur ist vergleichsweise groß. Hervorzuheben sind allerdings nur wenige Werke, wie z.B. das von Cohen/Arato vorgelegte Werk „Civil society and Political Theory“, sowie unterschiedliche Werke von John Keane, Michael Walzer und Antonio Gramsci. Eine gute Zusammenfassung über den bisherigen Auseinandersetzung lieferte der jugoslawische Politikwissenschaftler Milan Podunavac mit dem Werk „princip građanstva i poredak politike” (Das Prinzip der Bürgerlichkeit und die politische Ordnung, 1998). Da diese Arbeit nicht die unterschiedlichen Diskussionsansätze um den Begriff der Zivilgesellschaft aufgreifen kann, bleibt es dem Leser überlassen, sich „eigenverantwortlich“ dem Diskurs zu nähern.

Im folgenden Abschnitt definiert der Verfasser den Begriff der Zivilgesellschaft und grenzt diesen von anderen politischen Erscheinungen ab. Hierbei ist hervorzuheben, daß der Verfasser damit nicht eine mögliche Kontroverse darstellt, sondern lediglich wichtige Aspekte der Diskussion herausgreift, die ihm für eine Auseinandersetzung um die Zivilgesellschaft in der BRJ wichtig erscheinen.

3.1. Die Renaissance eines Begriffes in Mittelost- und Südosteuropa

Mitte der 80iger-Jahre erlebte der Diskurs um den Begriff der Zivilgesellschaft eine Wiedergeburt. In weiteren Kreisen als bisher sollte dieser Terminus eine neue Beachtung finden, gerade unter den Akademikern in den Mittelost- und Südosteuropäischen Staaten. So führt der Politikwissenschaftler Klaus von Beyme aus:

> „Zivilgesellschaft wurde zum Banner, um das sich die Intelligenz scharte, die weder die westliche Demokratie noch den realen Sozialismus erstrebenswert fand“ (v. BEYME: S.104).

Zivilgesellschaftliche Zusammenhänge sollten die übermächtigen Einflüsse der realsozialistischen Regime im alltäglichen Leben in diesen Staaten umgehen und Freiräume für ein politisches Engagement (sei es eine freie Meinungsäußerung). Winfried Thaa schreibt hierzu:

„Statt weiter Hoffnungen auf einen möglichen Wandel der Partei und eine liberalisierende oder gar demokratisierende Politik von oben zu setzen, sollten Veränderungen durch konstanten Druck seitens der Gesellschaft erreicht werden“ (THAA: S.159).

Mit dem Zerfall der sowjetischen Hegemonie in den MOE- und SOE-Staaten gegen Ende der 80iger und Anfang der 90iger Jahre verschwand die Auseinandersetzung um eine Zivilgesellschaft und den möglichen Nutzen nicht. Im politikwissenschaftlichen Dunstkreis der Universitäten und freien Institute in Polen, Tschechien, Ungarn (um Kónrad), Slowenien (um Bibić) und Jugoslawien (um Podunavac) finden auch heute noch breite Kontroversen zu dem Begriff der Zivilgesellschaft statt.

3.2. Abgrenzung der Zivilgesellschaft

Will man den Terminus der Zivilgesellschaft gegen andere politische Erscheinungen abgrenzen, so fallen oftmals die Schlagwörter des Militär- oder Polizeistaates. Eine solche Abgrenzung trifft den thematischen Zusammenhang der Zivilgesellschaft nur peripher. Etymologisch stammt der Begriff der Zivilgesellschaft von der lateinischen „societas civilis“ ab – der Gemeinschaft der Bürger. So sind auch die bisherigen Konzepte und Konstrukte der Zivilgesellschaft zu verstehen. Zivilgesellschaft als Synonym für eine Gesellschaft der teilhabenden Bürger. Die Begriffe der bürgerlichen Gesellschaft oder gar der Bürgergesellschaft sind bedeutungsgleich. Allerdings liege, so konstatiert Winfried Thaa, der Begriff der Bürgergesellschaft im „Gegensatz zum englischen ‚citizen‘ näher am Bourgeoisen, an Ökonomie und Klassenlage“ (THAA: S.158). Es stellt sich die Frage, ob dies ein rein sprachliches Problem ist. Dies scheint nicht so, wenn man die Anwendungen der Konstrukte der Zivilgesellschaft im Zusammenhang mit der jeweiligen zeitgenössischen Ideengeschichte und dem jeweiligen politischen System betrachtet.

Cohen und Arato gehen davon aus, daß sich der Begriff des Bürgers bei Aristoteles zum Beispiel von dem des Tocqueville grundlegend unterscheidet. Auch Hermann Heller hat eine andere Auffassung von Bürgern und „Bürgerschaft" als Hegel oder Kant oder Marx, doch dies liegt auf der Hand.

Merkel und Lauth fassen den bisherigen Diskurs zusammen und charakterisieren somit die Zivilgesellschaft als Sphäre zwischen dem Staatlichen und Privaten (vgl. LAUTH / MERKEL: S.4). Diese Verortung der Zivilgesellschaft zwischen der gesellschaftlichen Basis und dem Überbau wird weitestgehend als Konsens angesehen.

Für Jürgen Habermas stellt sich Zivilgesellschaft als ein „Assoziationswesen, das problemlösende Diskurse zu Fragen allgemeinen Interesses im Rahmen veranstalteter Öffentlichkeiten institutionalisiert" (HABERMAS: S. 443) dar. Er trifft mit diesen Worten den Kern der Konzepte um Zivilgesellschaft. Unabhängig von ökonomischen Zugriffsmöglichkeiten und der Stellung im Produktionsprozeß befaßt sich der Begriff der Zivilgesellschaft mit Zusammenschlüssen, die spezifische Interessen gegenüber der Gesellschaft oder staatlichen Gemeinschaft vertreten oder gar durchsetzen wollen.

Da Zivilgesellschaft als normengebundener Begriff anzusehen ist, grenzen Lauth und Merkel Zivilgesellschaft auch von Politischer Kultur ab, die als wertfrei anzusehen sei (vgl. LAUTH / MERKEL: S.24f.). Aus diesem Grund scheint es sinnvoll, das normative Gerüst der Zivilgesellschaft zu umreißen.

3.3. Das normative Gerüst der Zivilgesellschaft

Wenn Zivilgesellschaft als ein Handlungsraum (oder -sphäre) zwischen dem Staatlichen und Privaten verstanden wird, in dem (in der) über den Weg von Zusammenschlüssen partikulare Interessen in die Öffentlichkeit getragen und letztlich auch umgesetzt werden sollen, so beinhaltet eine solche Definition auch eine inkorporierte Wertvorstellung von der gesellschaftlichen resp. politischen Partizipation und Emanzipation (s.o.). Diese Wertvorstellung setze allerdings, so Lauth und Merkel, „die Anerkennung des Anderen (Toleranz) und [...] das Prinzip der Fairness" voraus. Ausgeschlossen sei die Anwendung physischer Gewalt (LAUTH / MERKEL: S.23). Dies mache im übrigen auch das „Zivile" aus, so Lauth / Merkel (ebenda).

Das Verhältnis der Zivilgesellschaft zum politischen Raum

Jürgen Habermas charakterisiert die Akteure der Zivilgesellschaft als jene, die partikulare Interessen von hoher gesellschaftlicher Relevanz artikulieren und politische Diskurse von überragendem Gehalt in der gesellschaftlichen Öffentlichkeit erst ermöglichen (s.o.). Lauth und Merkel erweitern dies mit den Worten „ [...] ohne jedoch nach staatlichen Ämtern zu streben" (LAUTH / MERKEL: S.22).

Aus Sicht eines westeuropäischen Politikwissenschaftlers stellt sich zunächst die Frage, für welchen Zweck eine Sphäre zwischen staatlich/politischer und privater Sphäre benötigt wird. Es scheint, als ob einem Engagement in Parteien oder politischen Organisationen nichts im Wege stehen würde. Milan Podunavac schreibt diesem Handlungsraum die Bedeutung eines „Schutzschildes" gegen Willkür der politischen Regierung und dem „obtrusive onslaught of horizontal and egalitarian formulations of the ‚general will'“(PODUNAVAC: S.245) zu. In diesem Sinne arbeitet Klaus von Beyme einen „neuen“ Grundkonsens heraus: „[...]die Übermacht des Staates gegenüber der Gesellschaft“ (V. BEYME: S.108).

Doch wie Claus Offe konstatiert, scheint der normative Komplex der politischen Emanzipation und politischen Partizipation nicht immer geteilt. Offe sieht zwei Analyseansätze im wissenschaftlichen und politischen Diskurs um die Zivilgesellschaft. Er spricht von einem neokonservativen Ansatz (neoconservative project) und dem Ansatz der neuen sozialen Bewegungen (politics of new social movements). Dieser Ansatz der Betrachtung sieht eine „unpolitische“ Zivilgesellschaft vor. Dies bedeutet eine scharfe Trennlinie zwischen der privaten und politischen Sphäre sowie einen geringeren Einfluß der politischen Sphäre auf das Private und darüber hinaus einen Verlust der Kontroverse in der politischen Auseinandersetzung. Offe schreibt:

> „This search for the unpolitical is hoped to lead to a narrower and more viable concept of politics, one that 'reprivatizes' those conflicts and issues that are not to be dealt with properly by means of public authority" (OFFE: S.819)

Milan Podunavac und Michael Walzer heben hervor, daß das totalitäre Regime, insbesondere auch die damaligen Systeme in den MOE- und SOE-Staaten, darauf bedacht waren, zivilgesellschaftliche Ansätze als unnötig zu behandeln. Ein Staat, der in allen Lebensbereichen präsent sei, gewährleiste die Lebensgrundlagen der Bevölkerung.

Der Ansatz der neuen Sozialen Bewegungen sieht nach Offe eine Politisierung der Institutionen der Zivilgesellschaft vor (vgl. OFFE: S.820). Hierzu schreibt er:

> „In order to emancipate itself from the state, civil society itself - its institutions of work, production, distribution, family relations, relations with nature, its very standards of rationality and progress - must be politicized through practices that belong to an intermediate sphere between 'private' pursuits and concerns, on the one side, and institutional, state-sanctioned modes of politics, on the other."(OFFE: S.820)

Paradigmenwechsel der Zivilgesellschaft

Für seinen „neuen" Grundkonsens (s.o.) untersuchte von Beyme den wissenschaftlichen Diskurs der 80iger Jahre. In den 90iger Jahren sollte die Zivilgesellschaft eine neue, veränderte Stoßrichtung erhalten. So sei die Zivilgesellschaft in vielen Staaten nicht mehr gegen den mächtigen Staat und Regierung gerichtet, sondern gegen den zu schwachen Staat (vgl. V.BEYME: S.107). Leider betreibt von Beyme keine Ursachenforschung. Dennoch ist sein Ansatz nachvollziehbar, vor allem wenn wir die 90iger-Jahre als eine Epoche charakterisieren, in der (Hobesbawm schreibt von Ende des sozialdemokratischen Zeitalters) mit dem Fall der Mauer in Westeuropa ein Erstarken neoliberaler Ideen und ein Rückzug von staatlich-regulativen Elementen im öffentlichen System (z.B. Sozialsystem) einhergeht.

Zivilgesellschaft und Demokratie

In welchem Maße Zivilgesellschaft mit Demokratisierung und Demokratie zusammenhängt, versuchen Lauth und Merkel zu umreißen:

> „Die für eine Zivilgesellschaft konstitutiven Prinzipien wie Interessenpluralität, Interessenkonkurrenz, Freiwilligkeit, Toleranz und der Verzicht auf physische Gewalt bedingen dabei, daß zivilgesellschaftliches Handeln – zumindest implizit – auch an Demokratisierung des Gemeinwesens orientiert ist."(LAUTH / MERKEL: S.4).

Hiervon abweichende Positionen sind im Diskurs um Zivilgesellschaft nicht feststellbar - ebenso wenig klare Positionsbesetzungen zugunsten oder zuungunsten demokratischer Systeme.

Für Tocqueville stellen zivilgesellschaftliche Assoziationen und Vereinigungen Schulen der Demokratie dar, in denen demokratisches Denken und Verhalten durch alltägliche Praxis eingeübt wird. Lauth und Merkel sehen in der Zivilgesellschaft eher ein „normatives und ein partizipatorisches Potential", daß zur „Immunisierung der Demokratie gegenüber autoritären Angriffen und Versuchungen" dient (LAUTH / MERKEL: S.27).

Bei der Betrachtung der zivilgesellschaftlichen Akteure unter dem Gesichtspunkt der Demokratisierung sollte man zwei Blickwinkel mit einbeziehen. Zum einen die strategische Leistung (Handlungsstrategie und –wirkung auf das politische Leben) und zum anderen das Innenleben der Akteure (Glaubwürdigkeit und normative Treue in den internen Strukturen). Diese sind gleichwertig (vgl. LAUTH / MERKEL: S.4).

3.4. Die Akteure der Zivilgesellschaft

Wenn man den Diskurs um die Akteure der Zivilgesellschaft untersucht, kommt man zu dem Schluß, daß es auch hier - wie bei der Auseinandersetzung mit dem Terminus der Zivilgesellschaft - keine klaren Kontroversen gibt, die mit Thesen und Antithesen arbeiten. Es gibt jedoch auch keinen klaren Konsens.

Jürgen Habermas, der in der Auseinandersetzung hinsichtlich des Akteurspektrum zu den Minimalisten zählt, rechnet den zivilgesellschaftlichen Institutionen „mehr oder weniger spontan“ entstandene Vereinigungen, Organisationen und Bewegungen, die gesellschaftliche Diskurse in die Öffentlichkeit tragen, zu (HABERMAS: S.443).

Zu den ‚Maximalisten‘ gehört Michael Walzer, der die Frage der Akteure sehr liberal behandelt. Er spricht von „Gemeinschaften“, in denen Bürger für ihre Interessen eintreten, die in „Handlungsräumen“ agieren - präziser faßt er dies nicht.

Merkel und Lauth teilen eher die Auffassung Habermas‘. So schreiben sie:

> „Entsprechend sind Gruppen, die ausschließlich private Ziele verfolgen (Familie, Unternehmen, etc.) ebensowenig Teil der Zivilgesellschaft wie politische Parteien, Parlamente oder staatliche Verwaltungen“ (LAUTH / MERKEL: S.22)

Sie stellen fest, daß eine präzise Beschreibung von zivilgesellschaftlichen Institutionen nicht möglich wäre und auch nicht sinnvoll sei. Vielmehr müsse die Betrachtung und die Analyse die gesellschaftlichen Gegebenheiten in den unterschiedlichen Ländern berücksichtigen. So gelangen sie zu der Überlegung, daß Zivilgesellschaft eine heterogene Struktur darstelle, die ein „pluralistisches Sammelbecken höchst unterschiedlicher Akteure“ (LAUTH / MERKEL: S.23) sei.

Demnach enthält die Zivilgesellschaft kein statisches Akteursspektrum. Lauth und Merkel sprechen sich zunächst zwar gegen eine feste, statische Struktur aus, grenzen jedoch ein mögliches Spektrum ein: Verbände und Interessengruppen, kulturelle und religiöse Vereinigungen, Bildungs- und Informationseinrichtungen, NROs, Selbsthilfegruppen, Bürgerinitiativen (Umwelt und Frauen etc.) und Bürgerrechtsgruppen (vgl. LAUTH / MERKEL: S.23).

Demnach hat die Zivilgesellschaft eine flexible Struktur, die versucht politischen und gesellschaftlichen Einfluß geltend zu machen, der ökonomische Einfluß spielt hierbei keine Rolle . So konstatiert auch Habermas:

> „Was heute Zivilgesellschaft heißt, schließt nämlich die privatrechtlich konstituierte, über Arbeits-, Kapital- und Gütermärkte gesteuerte Ökonomie nicht mehr, wie noch bei Marx und im Marxismus, ein“ (HABERMAS: S.443).

Die Rolle von Medien und Wissenschaft in der Zivilgesellschaft

Zwei zivilgesellschaftliche Akteure sind wichtige Bestandteile der Zivilgesellschaft: Die Wissenschaft und die Medien. Lauth und Merkel bezeichnen sowohl die Medien als auch die Wissenschaft als „ideological market place“ - als Raum für gesellschaftspolitische Kontroversen.

Jürgen Habermas unterscheidet präziser, er differenziert zwischen Medien, deren Ziel die bloße Berichterstattung ist, und Medien, die über eine „doppelte Ausrichtung“ ihrer (politischen) Ziele verfügen. Er umschreibt diese doppelte Ausrichtung mit den Worten:

„[...] mit ihrer Programmatik nehmen sie geradewegs Einfluß auf das politische System, zugleich geht es ihnen aber reflexiv auch um die Stabilisierung und Erweiterung von Zivilgesellschaft und Öffentlichkeit und um die Vergewisserung der eigenen Identität und Handlungsfähigkeit“ (HABERMAS: S.447).

3.5. Die zivilgesellschaftlichen Organisationen in der BRJ

Die Arbeit von zivilgesellschaftlichen Organisationen in Jugoslawien hat eine sehr lange Tradition. Jedoch war das gesellschaftspolitische Engagement während des Bestehens der SFRJ außerhalb der staatlichen Institutionen verboten. Staatliche Institutionen und Organisationen waren dennoch in allen Lebensbereichen präsent,

Seit Mitte der 80iger-Jahre entspannte sich die Lage der zivilgesellschaftlichen Organisationen und 1989 wurden bereits erste zivile gesellschaftspolitische Organisationen registriert. Die Spannweite dieser Organisationen ist sehr weit. Ein weites Netzwerk (größtenteils lokaler) zivilgesellschaftlicher Organisationen umfaßt neben Antikriegsgruppen auch Selbsthilfegruppen von Paraplegikern, Bürgerrechtsinitiativen und Umweltschutzgruppen. Mittlerweile existieren in der BRJ schätzungsweise 21.000 Gruppen, Organisationen und Vereine (alle genießen den selben rechtlichen Status), hierbei ist jedoch zu berücksichtigen, daß in dieser Zahl ein hoher Anteil von sportlichen Vereinigungen und Ortsverbänden des Roten Kreuzes o.ä. enthalten ist. Der gesellschaftliche Stellenwert dieser Organisationen ist breit gefächert. So genießen Projekte der humanitären Hilfe in Serbien einen weitaus höheren gesellschaftlichen Stellenwert als Umweltschutzgruppen.

Doch auch regionale Unterschiede müssen bei einer Betrachtung Beachtung finden. So fußt der bisherige kosovo-albanische Parallelstaat in der serbischen Provinz Kosovo-Metohija auf ein Netzwerk von Organisationen, die in der politikwissenschaftlichen Analyse als zivilgesellschaftliche Zusammenschlüsse gewertet werden, da sie gesellschaftspolitische Interessen verfolgen. Da es jedoch keine detaillierten Analysen der Lage der zivilgesellschaftlichen Organisationen im Kosovo gibt, muß die Betrachtung dieser Organisationen im Rahmen dieser Arbeit zunächst in den Hintergrund gerückt werden.

Im Vordergrund dieser Arbeit stehen nicht die rund 21.000 Organisationen, die das jugoslawische Zentrum für die Entwicklung des Nonprofit-Sektors (CRNS) erwähnt, die vom Roten Kreuz über den lokalen Fußballclub bis hin zu Selbsthilfegruppe reichen.

Aus diesem Grund scheint es ratsam, sich auf die 600 Organisationen zu konzentrieren, die nach 1991 registriert wurden und auch eine gesellschaftspolitische Ausrichtung aufweisen. Die Sozialwissenschaftlerin Marija Kolin vom Institut für Sozialwissenschaftliche Studien in Beograd beschreibt diese Gruppen in Übereinstimmung zu Branka Petrović, Sozialwissenschaftlerin vom CRNS, als „promoter of new ideas, value orientations, new special interests, and alternative and critical thinking.“ (KOLIN, 1997: S.4f.). Betrachten wir die oben erwähnten Begriffserklärungen der Zivilgesellschaft und der zivilgesellschaftlichen Organisationen, so liegt diese Eingrenzung, die Kolin und Petrović vornehmen, dem wissenschaftlichen Diskurs sehr nah.

Von den Organisationen mit einer gesellschaftspolitischen Ausrichtung nehmen die Umweltpolitischen Gruppierungen den größten Anteil ein. Diese Organisationen sind Nachfolgeorganisationen der ehemals staatlichen umweltpolitischen Organisationen aus den 70iger- und 80iger-Jahren. Seit 1985 zog sich die SFRJ aus diesem Bereich gänzlich zurück. Diese Gruppen und Organisationen sind nunmehr vollkommen unabhängig von staatlichen Einflüssen und vom politischen System. Diese umweltpolitischen Organisationen operieren, wie Marija Kolin feststellt, im ganzen Land in einem umweltpolitischen Netzwerk.

Abbildung 1: Ausrichtungen der NROs in der BRJ

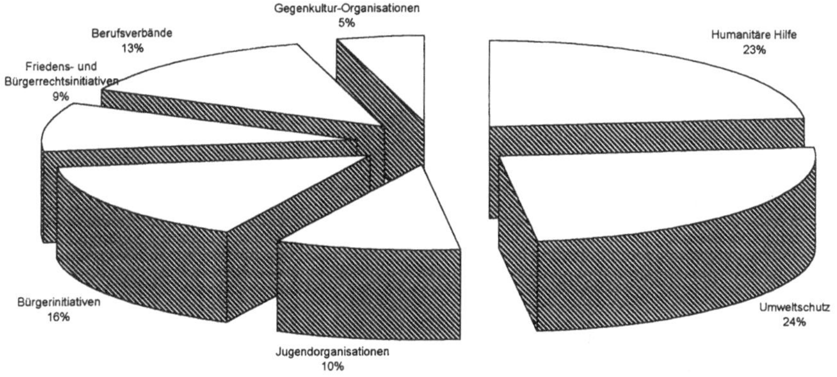

(Daten: KOLIN, 1997)

Die eigentlichen Träger des zivilgesellschaftlichen Gedankens sind jedoch die Antikriegs- und Friedensgruppen und –organisationen, die sich während der kriegerischen Auseinandersetzungen um die Sezessionen Kroatiens und BiHs bildeten. Nach dem Ende der kriegerischen Auseinandersetzungen arbeiteten diese Organisationen schwerpunktmäßig an Aufbauprogrammen außerhalb der BRJ sowie an Projekten zur gegenseitigen Verständigung der ehemaligen Konfliktparteien. Branka Petrović kommt zu dem Schluß, daß diese friedenspolitischen Gruppierungen eher sehr kleine Gruppierungen sind, die jedoch in einem aktiven Netzwerk der lokalen

Organisationen organisiert sind. Auch wenn diese friedenspolitischen Organisationen nicht mit dem politischen Regime verknüpft waren, wurde dennoch ein Großteil dieser Organisationen von demokratischen Oppositionsparteien gegründet. Dies gilt auch für die Menschen- und Bürgerrechtsorganisationen. So bestehen gegenwärtig enge personelle und organisatorische Verknüpfungen, wie z.B. zwischen dem Zentrum für Menschenrechten, dem Helsinki-Komitee für Menschenrechte und der GSS um Vesna Pešić.

Den zahlenmäßig stärksten Bereich der NROs stellen die Organisationen und Verbände der humanitären Hilfe dar. Die wirtschaftlichen und sozialen Auswirkungen der internationalen Sanktionen von 1992 bis 1996 und die kriegerischen Auseinandersetzungen auf dem Territorium der SFRJ führten zur Gründung unterschiedlichster Organisationen der humanitären Hilfe. Die Betreuung traumatisierter Jugendlicher aus BiH und Kroatien gehören ebenso zu dem Betätigungsfeld wie die Bereitstellung finanzieller Mitteln zur Schaffung einer neuen Existenz von Flüchtlingen oder dem Betrieb von Suppenküchen in den urbanen Ballungszentren.

3.5.1. Merkmale der zivilgesellschaftlichen Organisationen in Jugoslawien

Werden die zivilgesellschaftlichen Organisationen, Vereine oder Verbände in der BRJ untersucht, sollten drei spezifischen Eigenschaften beachtet werden:

- Aufgrund der entsprechenden Normen in der serbischen Verfassung und dem Gesetz über das Organisationswesen (1989) kommt es zu einer überwiegenden Dominanz der lokalen Gruppen. Der kleinste Anteil der zivilgesellschaftlichen Gruppierungen hat eine überregionale bzw. republikanische Ausrichtung.

- Die zivilgesellschaftlichen Organisationen haben enge Verflechtungen mit den alternativen, demokratischen Parteien (insbesondere DS, DSS und GSS). Das Beispiel des Helsinki-Komitees für Menschenrechte stellt die Regel dar: Die Führungskräfte in solchen Vereinen oder Verbänden sind meist in den politischen Parteien aktiv. Ein Großteil der politischen NROs wurde von diesen Parteien ins Leben gerufen.

- Über die Mitgliedschaften und Sympathisanten der unterschiedlichen NROs ist nicht viel bekannt. Die wissenschaftliche Auseinandersetzung mit diesem Bereich steckt noch in den Kindesschuhen. Dennoch kann konstatiert werden, daß in der Regel die Mitgliedschaft eine monoethnische Prägung hat, genauso wie bei den politischen Parteien (s.o.). Aus dieser Sicht stellen die Organisationen im Kosovo keine Ausnahme dar.

3.5.2. Die politische Ausrichtung der NROs

Eine grundsätzlich gleiche politische Ausrichtung der unterschiedlichen NROs ist nicht zu erwarten. Denn ebenso groß wie die Anzahl und Größe der unterschiedlichen Gruppen ist auch deren politische Ausrichtung und deren Agendasetting. Gleichwohl gibt es über die zivilgesellschaftlichen Werte, die auch qua Existenz in den unterschiedlichen Organisationen vertreten werden, weitere gemeinsame Anknüpfungspunkte politischer Art.

Auf dem ersten Kongreß des „Forums der jugoslawischen Nichtregierungsorganisationen“ vom 11. bis zum 13. Juli 1998 wurde eine Resolution zur Lage im Kosovo beschlossen. Die rund 150 vertretenen Gruppieren beschlossen in der Präambel der Beschlüsse:

> „Non-governmental organizations [...] advocate the peaceful solution of all social conflicts, especially in Kosovo, without violence and discrimination, through dialogue of all parties in conflicts, with participation and desirable mediation of NGOs. NGOs strongly oppose the military solution of the conflict in Kosovo." (Preporuke sa prvog Foruma jugoslovenskih NVO [Empfehlungen vom ersten Forum der jugoslawischen NROs], 11.-13. juna 1998, Beograd).

Im wesentlichen kann festgestellt werden, daß bei den NROs in der BRJ das Eintreten für ein pluralistisches gesellschaftliches System im Vordergrund steht. Die Schwerpunkte ihrer Arbeit liegen in der Integration sozial Marginalisierter und in der Veränderung gesellschaftspolitischen Kultur in Richtung Toleranz.

3.5.3. Die Rolle von außerparlamentarischer Opposition in der jugoslawischen Zivilgesellschaft

In den Diskursen über Zivilgesellschaft sind die Rollen und Funktionen von politischen Parteien umstritten. Maximalisten und Minimalisten reiben sich gerade an der Frage nach den möglichen Akteuren einer zivilen Gesellschaft. Doch ebenso, wie es keinen festen Kanon von Akteuren gibt, kann es auch keine prinzipielle Ausgrenzung von politischen Parteien aus dem Akteursspektrum einer Zivilgesellschaft geben.

Denn gerade in totalitären Staaten, zu denen Milan Podunavac auch die BRJ zählt, können die demokratischen Oppositionsparteien wichtige Instrumente für eine gesellschaftliche und politische Demokratisierung darstellen. So muß dem scheinbaren Dogma, daß Lauth und Merkel erheben, widersprochen werden (vgl.

LAUTH / MERKEL: S.22). Die beiden gehen bei ihren Überlegungen davon aus, daß politische Parteien keine Akteure der Zivilgesellschaft sind, da sie nach politischen Ämtern streben.

Ohne Demokratisierung der politischen Strukturen durch die demokratischen Oppositionsparteien kann es in der BRJ keine gesellschaftliche Demokratisierung geben, da es in dieser Gesellschaft kaum Strukturen und Mechanismen gibt, die nach demokratischen Prinzipien funktionieren. Eine Beseitigung der mafiösen Strukturen der Vetternwirtschaft im wirtschaftlichen und politischen Leben durch eine gesellschaftliche Bewegung wäre wünschenswert, scheint jedoch unwahrscheinlich.

4. DIE ÖKONOMISCHE UND SOZIALE LAGE IN DER BRJ

Die Betrachtung eines politischen Systems unter dem Blickwinkel möglicher Demokratisierungspotentiale setzt eine Analyse der ökonomischen und sozialen Situation voraus. Diesen Zusammenhang sehen auch die Politik- und Sozialwissenschafter, die die politische Abwesenheit weiter Teile der Bevölkerung mit der prekären wirtschaftlichen und sozialen Lage begründen.

Im Folgenden wird die wirtschaftliche Entwicklung seit der Konstituierung der BRJ (also seit 1992) vorgestellt. Dabei steht die Frage der (möglichen) Folgen und Auswirkungen der VN-Sanktionen in der Zeit von 1992 bis 1996 im Vordergrund. Denn mit der Verabschiedung der Verfassung (der Staatsgründung der BRJ) gingen schwere Sanktionen durch die internationale Staatengemeinschaft einher. Die Sanktionen wurden zunächst als internationale Handelsbeschränkungen (für Rüstungsgüter und Devisentransfer) verabschiedet. Ein totales „Embargo" auf ökonomischer, kultureller und verkehrspolitischer Ebene sollte zügig folgen. Diese weitreichenden Sanktionen wurden für die VN notwendig, da die Beteiligung der Jugoslawischen Volksarmee, des Staatspräsidiums und der Regierung der Republik Serbien in den kriegerischen Auseinandersetzungen um die Sezessionen Bosniens und Kroatiens ungeklärt war.

Es folgt eine Analyse der Nach-Embargo-Zeit seit Oktober 1996. Besonderen Augenmerk wird hierbei auf die Lebensumstände der weiten Bevölkerung gelegt. Durch den seit Sommer 1998 wieder bestehenden Konflikt in der Region Kosovo-Metohija wurden erneut Sanktionen und Einschränkungen verhängt, wenn auch in abgeschwächter Form. Erst mit einer kompletten Zerstörung der ökonomischen Ressourcen im Zuge einer militärischen Intervention der NATO wurde die jugoslawische Volkswirtschaft / Wirtschaft ernsthaft geschädigt.

4.1. Die wirtschaftliche Lage in Serbien und Montenegro bis 1992

Vor dem Zerfall der SFRJ gehörte das „zweite" (das sozialistische) Jugoslawien zu den MOE / SOE-Staaten, deren ökonomische Situation deutlich prosperierter war als die der RGW-Länder. So unterschiedlich die ökonomische Situation dieser Staaten war, so unterschiedlich war auch die Konstitution der Wirtschaftssysteme. Schon Ende der 50iger-Jahre wurde die Planwirtschaft in der SFRJ durch eine sozialistische Marktwirtschaft abgelöst.

Die Besonderheit des jugoslawischen Systems der sozialistischen Marktwirtschaft beruhte auf der freien Konkurrenz „staatlicher", „gesellschaftlicher" und „privater" Unternehmen[4]. Regulative Eingriffe in das Wirtschaftsleben leistete sich das Regime in Fragen der Ansiedlung bestimmter Branchen und in der Schaffung von bestimmten Wirtschafts- bzw. Industriezentren. Dies ist u.a. ein Grund dafür, daß ein Großteil der exportrelevanten Industrie Jugoslawiens in der Republik Slowenien angesiedelt wurde, denn dort war die Verkehrsanbindung zu den westeuropäischen Märkten deutlich besser.

---

[4] Entscheidend für die Charakterisierung eines Betriebes sind die Verhältnisse des Eigentums an Produktionsmitteln. Die selbstverwalteten Betriebe wurden von den Arbeitskräften geführt und verwaltet. Hierdurch sollte einer Entfremdung entgegen gewirkt werden. Die selbstverwalteten Betriebe galten weder als private noch als staatliche Betriebe (vgl. hierzu Đeković-Sachs, 1993).

Jugoslawische Unternehmen (wie z.B. der Haushaltsgeräte-Hersteller Gorenje, die Automobilfabriken Zastava, TAS-VW, FAP und der Textilhersteller YUMCO usw.) arbeiteten eng mit west- und osteuropäischen Staaten zusammen. Es gab Assoziierungsabkommen mit den COMECON-Staaten und mit den Staaten der (damaligen) Europäischen Gemeinschaft. Folgt man den aussenwirtschaftlichen Daten des Statistischen Bundesamtes der BRJ, so kommt man zum Schluß, daß rund 40 bis 45 Prozent der gesamten Aus- und Einfuhren in bzw. aus den westeuropäischen Staaten stammte. Dieser Trend galt schon in den 80iger-Jahren und fand zu Beginn der Sanktionen ihren Höhepunkt. Aus diesem Grund waren die Auswirkungen der Sanktionen besonders in außenhandelorientierten Branchen sehr groß. Die Europäische Gemeinschaft bzw. die Europäische Union rangiert auf Platz Eins der Handelspartner. Innerhalb der EU ist die BRD Spitzenreiter.

Tabelle 2: Anteil der Europäischen Union an den Ein- und Ausfuhren der SFRJ im Jahre 1991
(in Millionen Dinar)

	Ausfuhren 1991	**Einfuhren 1991**
Gesamt	**7.780**	**9.136**
EU	4.084	4.436
MOE / SOE	2.436	2.442
Asien	585	1.092
Nordamerika	372	434

(Savezni Zavod za Statistiku: Statistički Godišnjak Jugoslavije 1997, Beograd: 1997, S.128)

Die hauptsächlichen Exportgüter waren technische Geräte, halbfertige Produkte oder Rohstoffe. Ein Großteil der Importe stellten Endprodukte dar. Ein Assozierungsabkommen mit der EG bot damals noch die Aussicht einer möglichen Mitgliedschaft. Mit dem Zerfall der SFRJ und dem Inkrafttreten der internationalen Sanktionen wurden schlagartig alle offiziellen Wirtschaftsbeziehungen eingestellt. So war die SFRJ auch Mitgliedsstaat im GATT und im Internationalen Währungsfond (IWF). Mit dem Auseinanderbrechen Jugoslawiens mußten diese Mitgliedschaften und die damit verbundenen Konditionen neu verhandelt werden.

Im Vergleich der ökonomischen und sozialen Grundlagen der Bevölkerung war die SFRJ im Mittelfeld zwischen den westeuropäischen Staaten und den RGW-Staaten angesiedelt. Ein Großteil der jugoslawischen Familien verfügte in den Jahren 1987 über ein durchschnittliches Einkommen von rund Eintausend D-Mark, mit diesem Einkommen lag die SFRJ deutlich über dem Durchschnitt der RGW-Staaten, aber unter dem der Europäischen Gemeinschaft. Mitte der 80iger-Jahre lag der Anteil der Erwerbslosen an der erwerbsfähigen Bevölkerung bei rund einem Siebtel. Die Bevölkerung hatte seit diesem Zeitraum also vor allem mit den Problemen der ‚hohen' Arbeitslosenquote und der starken Rate der Geldabwertung zu kämpfen.

Tabelle 3: Entwicklung der jährlichen Geldabwertung in den Jahren 1983-1991

Jahr	**'83**	**'84**	**'85**	**'86**	**'87**	**'88**	**'89**	**'90**	**'91**
Rate %	39,1	56,7	75,7	88,1	118,8	198,6	1269	592	120,7

(Savezni Zavod za Statistiku: Statistički Godišnjak Jugoslavije 1992, Beograd: 1995, S.290)

Eine stetig linear steigende Inflationsrate bis 1987 erschwerte das Haushalten der Bevölkerung maßgeblich. Ab 1988 verlor die Währung Dinar fortan überproportional an Wert. Durch ein neues Stabilitätsprogramm konnte die Regierung der BRJ eine „Stabilisierung“ der Währung erreichen. Dennoch verlor die Abwertung mit einer Rate von knapp 600 % für die Bevölkerung nicht an Dramatik

4.2. Die ökonomische und soziale Situation während der Sanktionen der VN in den Jahren 1992 bis 1996

Am 29. Mai 1992 beschloß der VN-Sicherheitsrat mit der Resolution 757 ein umfassendes Paket von wirtschaftlichen Sanktionen gegenüber dem Staat der BRJ. Nunmehr waren den VN-Mitgliedsstaaten Wirtschaftsbeziehungen zur BRJ untersagt. Die Mitgliedschaft der BRJ in wirtschaftlichen und politischen zwischenstaatlichen Organisationen wurde suspendiert und ein Assoziierungsabkommen mit der EU ausgesetzt. Primäres Ziel war zunächst die Isolierung auf ökonomischer Ebene, bald darauf jedoch sollte jeglicher Kontakt mit der BRJ, z. B. kulturelle Begegnungen (Kulturfestivals, Theaterfestspiele etc.), sportliche Treffen (wie z.B. Olympiade, Fußballmeisterschaften etc.) oder auch Anbindungen im Personenverkehr unterbunden werden. Humanitäre Verbindungen konnten nur mit Sondergenehmigungen für Einzelfälle aufrechterhalten werden. Đorđe Popov, Lehrstuhlinhaber für Ökonomie an der Universität Novi Sad, spricht von Sanktionen, die nie zuvor in solch einer „Wucht“ gegen einen souveränen Staat installiert wurden.

Einhellig werden die Sanktionen der VN als maßgebliche Ursache für eine gesellschaftliche Verarmung gewertet. Jens Reuter, Leiter des Instituts für Südosteuropa der Universität München, stellt fest, daß rund 90 Prozent der Beschäftigten den gesamten Lohn für

Nahrungsmittel ausgeben mußte. Er folgert daraus, daß eine „Mittelschicht“ völlig verschwunden sei. Im Vergleich zu anderen Regionen der Welt schien die BRJ den größten Anteil der Armen an der Bevölkerung zu haben. Reuter bezeichnet 70 Prozent der jugoslawischen Bevölkerung als unter der Armutsschwelle[5] lebend. Für Lateinamerika träfe dies auf 25 Prozent der Bevölkerung zu, in Schwarzafrika und Südasien auf knapp 50 Prozent. Der Lebensstandard in der BRJ sank in den Jahren 1993/1994 im Vergleich zum Jahr 1989 um 40 Prozent (vgl. REUTER, 1993).

Im Folgenden werden sechs Aspekte der wirtschaftlichen Entwicklung im Rahmen der Sanktionen betrachtet.

4.2.1. Rückgang der Wertschöpfung

In den Jahren 1991-1995 halbierte sich die gesamte Wertschöpfung in der BRJ. Von den Sanktionen waren vor allem die Branchen betroffen, die abhängig von Lieferungen aus dem Aus- oder Inland waren. So zum Beispiel die industrielle Fertigung, der Handel oder die Transport- und Kommunikationsbranche. Wolf Oschlies vom Bundesinstitut für Osteuropäische und internationale Studien kommt zu dem Schluß, daß die Industrie in der BRJ lediglich eine Auslastung von lediglich 10 bis 15 Prozent hatte (OSCHLIES: S.26). Dies waren gerade die Branchen, die für die Wertschöpfung relevant waren.

Die Industrie hatte einen Anteil von rund 48 Prozent am Bruttoinlandsprodukt (Dienstleistungen 40 Prozent).

---

[5] Grundlegend für die Definition des Begriffes der Armut ist die Nichtdeckung der grundlegenden Bedürfnisse durch das Einkommen (vgl. hierzu Braun, 1989: S.8)

Abbildung 2: Rückgang des Sozialproduktes in den Jahren 1991-1995

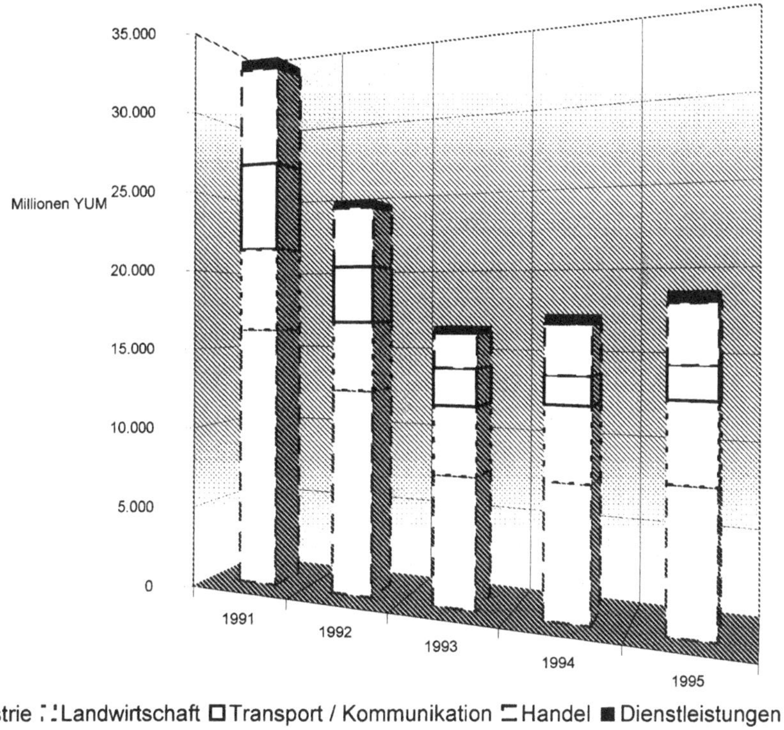

(Daten aus: SGJ 1997, S.120)

Die landwirtschaftliche Produktion blieb weitestgehend konstant. In diesem Sektor schien die BRJ nahezu autark wirtschaften zu können. Allerdings machte die Landwirtschaft gerade mal ein Siebtel der Bruttoinlandsproduktion aus.

4.2.2. Verlust der Märkte

Der Zerfall der SFRJ in unabhängige Staaten konnte das Problem nicht aus der Welt schaffen, daß in den unterschiedlichen Regionen ökonomische „Monokulturen“ entstanden waren. In der SFRJ war dies nicht allzu problembehaftet, denn in einem Staat stand dem Warenaustausch nichts im Weg. Die Konflikte mit Kroatien und BiH sowie die Abspaltung Sloweniens führten jedoch zum Zusammenbruch der Wirtschaftsbeziehungen.

Hochwertige Produkte aus slowenischer Produktion (z.B. Geräte der Marke Gorenje) waren kaum in den Läden und Kaufhäusern Serbiens und Montenegros zu finden. Da der Handel zwischen den Republiken rund 60 Prozent der Wertschöpfung der SFRJ ausmachte, führte der Abbruch der Handelsbeziehungen in Folge der zum Teil kriegerischen Auseinandersetzungen zu einem Verlust der wesentlichen Märkte. Erst im Sommer 1998 konnten die Wirtschaftbeziehungen mit Slowenien durch Verträge Montenegros und Serbiens normalisiert werden.

Die internationalen Sanktionen sollten die geschwächte Wirtschaft der BRJ gänzlich zum Erliegen bringen. Đorđe Popov faßt zusammen:

> „Die Unterbrechung der Wirtschaftsbeziehungen mit den ausländischen Partnern verunmöglichte einerseits den weiteren Import von Ersatzteilen, Maschinen und moderner Technologie. Andererseits kam es zu großen Produktionsüberschüssen bei traditionellen Exportgütern, die letztlich für den enormen Rückgang der Produktion der BR Jugoslawien verantwortlich waren.“ (POPOV, 1996: S. 10)

4.2.3. Exorbitante Währungsabwertung

Schon zu Zeiten der SFRJ hatte die Wirtschaft mit einer hohen Inflation zu kämpfen. Doch der Zusammenbruch der Wertschöpfung und der Verlust der Märkte vollzogen sich nach dem Inkrafttreten der internationalen Sanktionen dermaßen rasant, daß die Staatsausgaben nicht an die „neuen" Verhältnisse angepaßt werden konnte. Popov stellt fest, daß der einzige Ausweg der isolierten BRJ darin bestand, die steigenden Staatsausgaben dadurch zu dekken, daß er die umlaufende Geldmenge erhöhte.

Tabelle 4: Inflationsrate im Jahr 1993

	Inflationsrate in Prozent		
	pro Monat	pro Tag	Pro Stunde
Januar 1993	100,6	2,27	0,09
Februar 1993	211,8	3,74	0,15
März 1993	225,8	4,31	0,18
April 1993	114,1	2,49	0,10
Mai 1993	205,2	3,79	0,16
Juni 1993	366,7	5,09	0,21
Juli 1993	431,6	5,73	0,23
August 1993	1.880,6	10,11	0,40
September 1993	643,2	6,68	0,27
Oktober 1993	1.895,6	10,49	0,42
November 1993	20.190,0	18,69	0,72
Dezember 1993	178.882,0	28,36	1,05
Januar 1994	**313.563.558**	**62,02**	**2,03**

(vgl. POPOVIĆ und POPOV)

Den Höhepunkt erreichte die Geldabwertung im Winter des Jahres 1993/1994. Im Januar war die stündliche Inflationsrate von zwei Prozent der Auslöser für die Einstellung eines neuen Gouverneurs der Notenbank und in diesem Zuge die Einführung eines neues „Stabilitätsprogramms". Das nach dem neuen Gouverneurs Dragoslav Avramović benannte Programm sollte die Währung des jugoslawischen Dinars der ursprünglichen Funktion des Zahlungsmittels zurückführen.

4.2.4. Hohe Arbeitslosigkeit

Mit dem Rückgang der Produktion begann der rasante Abbau von Arbeitsplätzen. Schon 1992 beschloß die Regierung der BRJ ein Kündigungsverbot für Unternehmen während der internationalen Sanktionen. Die amtlichen Daten über die Beschäftigung belaufen sich auf einen Arbeitslosenanteil an der erwerbsfähigen Bevölkerung von rund 25 Prozent. Zählt man jedoch die in den Zwangsurlaub geschickten Arbeiterinnen und Arbeiter hinzu, kommt man schnell auf Werte zwischen 45 und 50 Prozent.

Ein hoher Stand der Pensionäre und Rentnern, die im Zuge einer Welle von Frühpensionierungen Anfang der 90iger-Jahre in den Ruhestand traten, verzerrt das Bild der Arbeitslosigkeit. Darüber hinaus stellte die Flüchtlingswelle aus Kroatien und Bosnien mit rund 700.000 Flüchtlingen eine große Belastung für den Arbeitsmarkt dar. Popov schreibt:

> „Bei einer Gesamtbetrachtung dieser Daten kommt man zu dem Ergebnis, daß nur etwa 1,5 Mio. tatsächlich Beschäftigte [...] eine Anzahl von 3,7 Mio. Menschen mitversorgen müssen (1,7 Mio. Arbeitslose, 700.000 Flüchtlinge und 1,35 Mio. Rentner)" (POPOV, 1996: S.16).

4.2.5. Schattenwirtschaft und „Außenhandel“

Während der Sanktionen blühte in der BRJ ein besonderer Schwarzmarkthandel von geschmuggelter Ware auf. Der größte Teil der Bevölkerung mußte aus finanziellen Gründen und aufgrund der allgegenwärtigen Verknappung auf diesen Schwarzmarkthandel zurückgreifen. Infolge der Produktionsrückgänge aber auch durch das internationale Verbot von Einfuhren in die BRJ kam es zu einer Verknappung von wichtigen Gütern. Die inländische Produktion konnte den Markt für Verbrauchs- und Gebrauchsgüter nicht mehr decken. Als besondere Härte erwies sich die Knappheit von Öl und Treibstoffen. Popov beschreibt:

> „Ohne den erfolgreichen Schmuggel von Öl wären sicher viele Bürger der BR Jugoslawien vor Kälte gestorben. Selbst für die Rettungswagen war nicht genügend Treibstoff vorhanden.“ (POPOV, 1996: S.17).

Obwohl die internationalen Sanktionen der VN bindende Wirkung für alle Mitgliedsstaaten hatte, gab es einen florierenden Handel mit den Anrainerstaaten Griechenland, Bulgarien, Rumänien und FYROM und den ehemaligen Republiken der UdSSR.

Der Journalist der französischen Tageszeitung „Le Monde“ Bassir Pour weiß, daß es zu einer „übermäßig hohen Anzahl“ an Verletzungen der internationalen Sanktionen kam. Diese Verstöße gehen jedoch auf die Konten der privatwirtschaftlichen Unternehmen und nicht auf die der staatlichen Organisationen und Unternehmen in diesen Ländern. Aus diesem Grund kommt Bassir Pour zu dem Schluß, daß das Embargo wirkungslos sei (vgl. BASSIR POUR). Der Journalist Naudet bemängelt an den VN, daß sie zwar ein Paket von Sanktionsmaßnahmen beschloßen hatten, jedoch „in aller Sorglosigkeit“ den Anliegerstaaten die notwendigen Maßnahmen und Initiativen zur Einhaltung des internationalen Embargos anheim stellten (vgl. NAUDET).

Der Schwarzmarkthandel ersetzte immer weitere Teile des regulären Marktes, da es auf dem regulären Markt kaum Produkte zu beziehen gab. Die Arbeitslosigkeit (gerade von Jugendlichen in den Städten) sorgte für manche „Schwarzmarkt-Karriere". Eine Überlebenschance im regulären, im legalen Wirtschaftsleben konnte kaum garantiert werden. Ständige Zwangsurlaubsphasen, verspätet oder nicht gezahlte Löhne und ständige Geldabwertung (bis 1994) trieben einen großen Teil der Familien in den finanziellen und sozialen Ruin. Selbst anerkannte und vormals hochdotierte Wissenschaftler mußten neben ihrer Tätigkeit an Instituten einem Nebenverdienst nachgehen, wie zum Beispiel dem Einkauf von Schuhen oder Kleidung in Ungarn, dem Schmuggel über die Grenze und dem späteren Wiederverkauf in den Ballungszentren der BRJ. Solche Biographien gehörten zum Alltag vieler Familien und insbesondere der Jugend.

4.2.6. „Brain-Drain"

Um der perspektivlosen Zukunft in dem ruinösen Wirtschaftssystem zu entgehen, versuchten „junge, hochqualifizierte und risikobereite" (POPOV) Menschen in einen anderen Staat überzusiedeln. Zwischen 1991 und 1995 verließen rund 100 bis 300 Tausend Menschen die BRJ, so schätzt Popov. Dies sei ein unersetzbarer Verlust an „Humankapital", an dessen Folgen die BRJ noch jahrzehntelang zu leiden habe. In einer Untersuchung über Abwanderungen im selben Zeitraum unter Akademikern, kommt Grečić, Soziologe an der Universität Belgrad, zu dem Schluß, das in den Jahren 1990 bis 1993 rund 720 Forscher das Land verließen. Allein im Jahr 1993 seien dies knapp 200 Personen gewesen, die zum größten Teil promovierte Akademiker waren (GREČIĆ, 1995: S.230).

4.3. Die ökonomische und soziale Situation nach der Suspendierung der Sanktionen

Auch nach der Suspendierung der internationalen Sanktionen gegenüber der BRJ im Jahr 1996 bleibt die wirtschaftliche und soziale Lage gespannt. Im Folgenden werden (neben den oben skizzierten Auswirkungen der Wirtschaftssanktionen) weitere Determinanten für die gegenwärtige ökonomische Situation der BRJ benannt .

4.3.1. Das Wirtschaftssystem im Übergang

Das wirtschaftliche System Jugoslawiens befindet sich, wie auch in anderen MOE/SOE-Staaten, im Wandel. Die als Gesellschaften im Prozeß der Transition bezeichneten Staaten befinden sich nach dem Fall des eisernen Vorhangs und dem Zerfall des sowjetzentristischen Wirtschaftsblocks auf den Weg von einer sozialistischen Wirtschaft zu einer freien, kapitalistischen Marktwirtschaft im Sinne neoliberaler Ideologien[6].

Durch die kriegerischen Auseinandersetzung in Kroatien und BiH (seit 1991) und das internationale Embargo kamen Überlegungen, die kapitalistischen Strukturmerkmale der Wirtschaftsordnung auszuweiten, gänzlich zum Erliegen. Unterschiedliche Konzepte der Privatisierung des staatlichen oder gesellschaftlichen Eigen-

[6] Der Begriff des Neoliberalismus wird gegenwärtig als Kampfbegriff benutzt, in dieser Anwendung wäre er hier Fehl am Platz. Neoliberale Konzepte eines „Laissez-faire"-Kapitalismus sehen einen Kapitalismus ohne soziale Schranken und ohne regulative Eingriffe der Politik vor.

tums an Produktionsmitteln fanden in diesen angespannten Jahren ihr jähes Ende.

Eine genaue treffsichere Einordnung der ökonomischen Ordnung kann zum gegenwärtigen Zeitpunkt noch nicht vorgenommen werden. So schreibt auch Vladimir Goati, Politikwissenschaftler und Leiter des Instituts für Staatswissenschaften in Beograd, bei einem Versuch der Einordnung der jugoslawischen Wirtschaft:

> „Due to the absence of changes in the economic sphere [...], the political-economic system of the ‚third Yugoslavia' is a combination of democratic institutions and a non-market economy, quite rare in the contemporary world." (GOATI, 1998: S.23)

Einer Positionierung im System der freien Marktwirtschaft steht der große Einfluß der regierenden Parteien und ein hohes Maß an staatlichen Eingriffen im Wege. Die Einstufung als (weiterhin) sozialistische Marktwirtschaft berücksichtigt dennoch nicht den Wandel der Eigentumsverhältnisse der Produktionsmittel, die in einer sozialistischen Marktwirtschaft im großen Maße in gesellschaftlicher Hand waren (s.o.). Goati spricht von einer einmaligen Erscheinung.

Betrachtet man allerdings die wirtschaftspolitischen Entwicklungen in anderen MOE-/SOE-Staaten, so gibt es unter dem Aspekt der Verflechtungen von Politik und Wirtschaft ähnliche Erscheinungen. Die Beschreibung solcher Systeme als „Vetternwirtschaft" kommt der ökonomischen Praxis sehr nahe. Dies kann im Falle Jugoslawiens auf ein enges personelles Geflecht zwischen den Leitungsebenen des Bundes der Kommunisten und der gesellschaftlichen Betriebe zurückgeführt werden. Gegenwärtig sind in den Kabinetten und Republiken Jugoslawiens viele Führungskräfte großer und renommierter Wirtschaftsunternehmen zu finden. Gerade im wirtschaftlichen Alltag sind die engen Beziehungen zwischen Regierungen und Großunternehmen für mittelständische oder neue Unternehmen spürbar.

Einfluß des Staates auf das Wirtschaftsleben

Der Einfluß des Staates und der politischen Nomenklatura auf das ökonomische Leben in Jugoslawien ist zweidimensional zu betrachten. So gibt es regulative Eingriffe im Bereich der Preisentwicklungen (Preisbindungen für Brote während des Embargos) und auf dem Bereich des Arbeitsmarktes (Kündigungsverbot während der Sanktionen). Auch bei der Privatisierung von gesellschaftlichem oder staatlichem Eigentum versucht das politische System, Einfluß geltend zumachen, der weit über den Weg der Gesetzgebung oder durch Verordnungen auf Republiks- und Bundesebene hinaus geht, so z.B. mit „Revalorisierungen" (Neubewertungen, s.u.). Ein engmaschiges Netz zwischen der Ebene der Politik und der ökonomischen Ebene sichert eine beiderseitige Einflußnahme.

So ist z. B. im November 1998 ein Mitglied des „Familienimperiums" Braća Karić (Gebrüder Karić), dem größten Mischwarenkonzern (Medien, Bank, Hochschule etc.), zum engen wirtschaftspolitischen Berater des jugoslawischen Präsidenten Slobodan Milošević ernannt worden. Gegenwärtig ist allerdings nicht zu erkennen, welche Ebene eher von der anderen instrumentalisiert wird. So können sich große Unternehmen mit einem starken Einfluß im politischen Bereich entsprechende Privilegien erhoffen und Einfluß auf die Gestaltung der Wirtschaftspolitik nehmen.

Doch auch die politische Klasse kann ihren Einfluß auf das ökonomische Leben geltend machen. So stellten z. B. die privatisierten Firmen Jugopetrol und Beopetrol im Sommer 1998 während der Auseinandersetzungen um die Autonomie der südserbischen Provinz Kosovo-Metohija ihre Lieferungen an private Tankstellen um Priština ein. Die Betreiber der betroffenen Tankstellen waren albanischer Abstammung.

Ein konsensfähiges ökonomisches Konzept scheint im politischen Raum nicht zu bestehen. Vielmehr soll die Einflußnahme der politischen Nomenklatura (sowohl durch regulative Eingriffe der Exekutive als auch durch die Einflußnahme über ein personelles Netzwerk) die Verhältnisse der politischen und ökonomischen Macht zementieren. Im Vordergrund der ökonomischen Maßnahmen der drei Regierungen[7] steht demnach nicht die Gesundung der Volkswirtschaft Jugoslawiens sondern die Sicherung der bestehenden Machtverhältnisse.

4.3.2. Privatisierung der staatlichen und gesellschaftlichen Betriebe

Neben der Existenz der internationalen Sanktionen bis 1996 wird in der Wissenschaft die „halbherzige" (REUTER, 1993: S.258) Durchführung von Privatisierungsmaßnahmen des gesellschaftlichen und des staatlichen Kapitals als maßgeblich für die schlechte wirtschaftliche Lage Jugoslawiens angesehen. Goati, Reuter, Reljić und Đeković-Sachs (u.A.) kommen im Kern zu der Aussage, daß die Privatisierung in Jugoslawien im Vergleich zu anderen MOE-/SOE-Staaten noch nicht weit fortgeschritten sei. Die Zahlen

---

[7] Gemeint sind hier die Regierungen der Republiken Serbien und Montenegro und des Bundes.

der Wissenschaftler schwanken zwischen 70 und 90 Prozent von weiterhin gesellschaftlichen und staatlichem Eigentum an Produktionsmitteln. Die angeführten Zahlen sind jedoch irreführend, da die Bezugsgröße fraglich ist. Wenn man sich mit der Verteilung des Eigentums an Produktionsmitteln auseinandersetzt, müssen jedoch genau diese Zahlen präzisiert werden. Einblick in diese Zahlen verleiht das Statistische Jahrbuch Jugoslawiens (von 1997).

Tabelle 5: Anteile von Privatunternehmen an BSP, Beschäftigten und Anzahl der Unternehmen

	BSP in Mill. YUM	Beschäftigte	Anzahl der Betriebe im Profitbereich
Gesamt	**38.101,4**	**2.787.132**	**72.714**
Staatl. und Gesells.	14.320,4	2.336.184	4.726
Privater Betrieb	**14.112,9**	**370.079**	**62.322**
Kooperativen	427,1		2.340
Gemischter Betrieb	9.241,0	80.869	3.326

(Daten aus: Statistički Godišnjak Jugoslavije 1997, S.52, 127, 93)

Wertet man diese statistischen Daten aus, kann konstatiert werden:

1. Rund 85 Prozent der Betriebe des „Profit-Sektors“ sind im privaten Eigentum.
2. Die durchschnittliche Größe der privaten Betriebe umfaßt rund 6 Mitarbeiter.
3. Staatliche und gesellschaftliche Unternehmen spielen mit lediglich 5 Prozent eine marginale Rolle. Jedoch sind 80 Prozent der Beschäftigten bei staatlichen oder gesellschaftlichen Unternehmen angestellt. Hieraus folgt, daß dies in der Regel größere Betriebe sind.

4. Private Unternehmen haben einen Anteil von rund 45 Prozent am BSP Jugoslawiens.
5. Private Unternehmen arbeiten produktiver.

Darüber hinaus ist es von großer Bedeutung, daß in der Dienstleistungsbranche ausschließlich private Unternehmen zu finden sind. So auch die serbische Telefongesellschaft „Telecom Srbija“, die mittlerweile privatisiert wurde.

Die hohe Anzahl privater Kleinbetriebe ist nicht im Zusammenhang mit einer Diskussion um „Scheinselbständigkeit“ (wie z.B. in der BRD) zu sehen. Denn die Voraussetzung für eine Firmengründung in Jugoslawien stellt die Einstellung von mindestens einer sozial- und rentenversicherten Arbeitskraft dar. So können z. B. auch kleinere Läden wie z. B. Kioske (die ein fester Bestandteil der jugoslawischen Stadtkultur sind) diese Kleinstbetriebe darstellen.

Unterschiedliche Entwicklung in Serbien und Montenegro

Der Anteil der Privateigentümer ist in den beiden Republiken unterschiedlich. In Montenegro sind gegenwärtig nahezu alle Betriebe in privater Hand. In Serbien setzte schon Anfang der 90iger-Jahre eine Privatisierungswelle ein. Doch mit den internationalen Sanktionen und der damalig sehr hohen Geldabwertung sollte den Privatisierungen ein Ende gesetzt werden.

Am 29. Juli 1994 (also nach der Einführung des „harten“ Dinars im Rahmen des Avramović-Programmes zur Stabilisierung der Wirtschaft in der BRJ – s.o.) verabschiedete das serbische Parlament eine „Revalorisierung“ von bereits privatisierten Kapital. Die bisherigen Privatisierungen (die in den Hoch-Zeiten der Geldabwertung vollzogen wurden) wurden annulliert und neu bewertet.

Viele der „alten“ Anteilseigner konnten nach der Revalorisierung nicht an einer Privatisierung teilnehmen. Reljić spricht diesbezüglich von einer „Wiederherstellung der staatlichen Kommandowirtschaft“. Auch für Goati ist die Konsequenz der Neubewertung, daß „the economy in Serbia became full controlled by the state, or more precisely, by the ruling party.“ (GOATI, 1998: S.24). Weiterhin stellt er fest:

> „Such a fusion of economic and political power existed in no other post-communist country of Central and Eastern Europe. Such a fusion was not known even in the period of ‚self-managment socialism‘ in the SFRY[...]“ (ebenda).

Diese Fusion der politischen und ökonomischen Macht bedeutet nicht etwa eine verstärkte Regulierung des Wirtschaftslebens, sondern lediglich die Sicherung der Macht der Nomenklatur.

Da Montenegro nur ein Bruchteil der jugoslawischen Wertschöpfung ausmacht, hat der hohe Grad der Privatisierung in Montenegro nur einen beschränkten Einfluß auf die Eigentumsstruktur der jugoslawischen Wirtschaft.

4.3.3. Die soziale Lage

Die soziale Lage in der BRJ ist unverändert schlecht; die Kaufkraft der Löhne nach wie vor gering (s.u.), der Anteil der Erwerbslosen weiterhin auf hohem Stand (s.u.) und die sozialen Sicherungssysteme liegen am Boden. Allerdings scheint die Geldabwertung mit einer durchschnittlichen Rate von rund 70 Prozent pro Jahr im „normalen“ Maß der MOE-/SOE-Staaten zu sein (vgl. hierzu

CLEMENT/EICHNER, 1998). Im Vergleich mit der Inflation im Jahr 1993 ist dies nur eine geringe Abwertung.

Die Entwicklung der Löhne

Die angespannte wirtschaftliche Lage schien sich für Erwerbstätige dadurch zu entspannen, daß die Löhne angehoben wurden. Glaubt man den Angaben des statistischen Bundesamtes, so betrug im Jahr 1996 der monatliche Durchschnittslohn rund 560 YUM[8]. Dies stellt einen Höhepunkt der Lohnentwicklung dar, der Tiefpunkt lag im Jahr 1993 bei einem durchschnittlichen Monatslohn von rund 50 YUM (vgl. POPOV, 1996: S.139f.).

Auch die Leistungen aus den Kassen der Sozialversicherung nahmen zu. Da jedoch auch die Zahl der Leistungsempfänger durch Arbeitslosigkeit oder Verrentung zugenommen hatte, war von den erhöhten Leistungen kaum etwas zu spüren. Denn auch in Jugoslawien kommt es gelegentlich, wenn nicht sogar oft vor, daß Löhne, Renten oder andere Leistungen nur sehr unregelmäßig oder gar nicht gezahlt werden. Dies wirkt sich erschwerend für die Beschäftigten, Leistungsempfänger und deren Familien aus.

Dies kann sich sogar soweit auswirken, daß die Zahlungen von Löhnen und sozialen Leistungen (z.B. Renten und Pensionen) zu einem Mittel der Machtsicherung werden können. So z. B. auch bei den letzten Präsidentschaftswahlen in Serbien. Kurz vor dem ersten Wahlgang am 21. September 1997 wurden die Renten er-

---

[8] In offiziellen Statistischen und Verlautbarungen wird in der Regel der Dinar als Währung benutzt. Hierbei benutzt man den Stand des Dinars vom 24. Januar 1994. Damals betrug der Dinar im Verhältnis zur DM 1:1. D.h. ein Dinar entspricht einer DM.

höht und auch ausbezahlt. Dieser Schritt sollte den regierenden Sozialisten die Wählerschaft garantieren.

Da ein Durchschnittslohn keine Aussagekraft bezüglich der Verteilung der Löhne zuläßt, ist es erforderlich eine Korrelation zwischen dem Bildungsniveau und dem Lohnniveau herzustellen.

Tabelle 6: Bildungsgrad und Entlohnung

	Abweichung vom Durchschnittseinkommen (=100)	Anzahl der Beschäftigten (Stand: April 1993)
Gesamt	**100,0**	**2.190.301**
„higher professional education“	151,6	214.687
„high professional education“	115,9	147.439
„Secondary professional educ.“	106,5	554.174
„Lower professional education“	76,1	163.909
„Highly skilled worker“	85,1	121.908
„Skilled worker“	**72,4**	**553.582**
„Semi-skilled worker“	**57,5**	**160.698**
„Unskilled worker“	**55,7**	**273.904**

(Daten aus: Statistički Godišnjak Jugoslavije 1997, S.102ff.)

Mehr als die Hälfte der Beschäftigten bezieht demnach ein Einkommen, daß unter dem Durchschnittseinkommen liegt. Rund ein Drittel der Beschäftigten beziehen weniger als 75 Prozent des durchschnittlichen Einkommens. Dies bedeutet bei einem durchschnittlichen Einkommen von rund 560 YUM ein Einkommen von 420 YUM. Ein Fünftel der Beschäftigten (die halbqualifizierten und nichtqualifizierten Arbeitskräfte) verfügt lediglich über ein Einkommen von 320 YUM und weniger. Dazu kommt erschwerend hinzu, daß ein Großteil dieser halb- und nichtqualifizierten Arbeitskräfte vorwiegend außerhalb der Ballungszentren die Beschäftigungsstruktur prägen. Genauere statistische Daten liegen jedoch nicht vor.

Der „statistische“ jugoslawische Haushalt besteht aus zwei Elternteilen, zwei Kindern oder Jugendlichen und einem Großelternteil. Da in der Regel zwei Personen aus der Familie einer Beschäftigung nachgehen, verfügt eine Familie aus einer Kleinstadt über ein Einkommen von rund 600 YUM[9]. Ein Einkommen, mit dem man nur in Rückgriff auf landwirtschaftliche Güter aus der Subsistenzwirtschaft überleben kann[10].

Entwicklung der Kaufkraft und der Preise

Reljić beschreibt das Preisniveau der alltäglichen Güter als auf „westeuropäischem, Niveau“ (RELJIĆ, 1996: S. 329). In den Zeiten der internationalen Sanktionen waren die Preise deutlich über diesem (s.o.). Dies normalisierte sich nach dem Ende der Blockade, denn es mußte nun nicht mehr geschmuggelt werden. In regelmäßigen Abständen veröffentlichten unterschiedliche jugoslawische Zeitungen und Zeitschriften Preisvergleiche der alltäglichen Güter.

[9] Von der Arbeitslosigkeit ist gerade die Generation der Heranwachsenden und der Jugendlichen betroffen. Die Rentenzahlungen liegen bei durchschnittlich 50 YUM.

[10] Ein Vergleich mit der Versorgungslage der DDR in den 70iger-Jahren ist angebracht. Da jedoch ein Schrebergarten-Wesen in Jugoslawien nicht üblich ist, muß auf Kontakte (insbesondere für Familien aus Großstädten) in ländliche Gebiete zurückgegriffen werden.

Betrachtet man die nominal niedrigeren Preise im Verhältnis zu den vielfach niedrigeren Löhnen, so kann konstatiert werden, daß die „realen" Lebenshaltungskosten in der BRJ im Vergleich zur BRD oder anderen westeuropäischen Staaten höher ausfallen.

Tabelle 7: Preise für Güter des alltäglichen Bedarfs

	Preis in YUM[11]		Preis in YUM
Brot 600gr.	0,75 YUM	Schinken 300gr.	4,15 YUM
Milch 1 Liter	0,84 YUM	Forelle 600gr.	4,86 YUM
Käse 200gr.	0,97 YUM	Kartoffeln 1kg.	0,69 YUM
Joghurt (natur)	0,51 YUM	Zwiebeln 200gr.	0,18 YUM
Butter 125gr.	1,45 YUM	Äpfel 1kg.	1,09 YUM
Speiseöl 300gr.	0,73 YUM	„Tütensuppe"	0,85 YUM
Zucker 100gr.	0,12 YUM	Kohl 1kg.	0,19 YUM
Eier (4 Stück)	0,88 YUM		

(Quelle: Naša Borba, vom 08.September 1997)

Auch der Anteil des Einkommens, der zur unmittelbaren Reproduktion aufgewendet werden muß, ist deutlich höher. So wird (nach Angaben des Statistischen Bundesamtes der BRJ) rund die Hälfte des Einkommens für Lebensmittel und Getränke aufgewendet. Lediglich 2 Prozent des Einkommens wird für Mieten und Nebenkosten (Rent and other housing expenses) verwendet. Auch sind hier die Anteile, die für diese unmittelbare Reproduktion benötigt werden, bei niedrigeren Einkommen deutlich höher (vgl. SGJ 1997: S.132ff.).

[11] Der Wert des Dinars aus dem September 1997 wurde umgerechnet, auf den Wert aus dem Januar 1994

Dennoch kann der durchschnittliche Haushalt 6,4 Prozent des Einkommens an die Seite legen und ansparen. Untere Einkommensgruppen haben (gemäß dem Statistischen Bundesamt Jugoslawiens) die Möglichkeit zwischen 2,8 und 3,2 Prozent zu „sparen" und höhere Einkommensgruppen sogar bis zu 12 Prozent ihres Einkommens.

Arbeitslosigkeit

Das größte Problem der jugsolawischen Wirtschaft stellt ein hoher Anteil von Erwerbsfähigen ohne Beschäftigung dar (auch nach der Suspendierung der internationalen Sanktionen nach 1996). Erstaunlicherweise kam es nach der Aufhebung des Kündigungsverbotes (während den Sanktionen installiert) nicht zu einem rasanten Anstieg der Freisetzungen auf dem Arbeitsmarkt. Obwohl jetzt die Betriebe nicht mehr gezwungen waren, an der bisherigen Stärke der Belegschaft festzuhalten.

Eine Entspannung auf dem Arbeitsmarkt konnte man zumindest durch eine Frühverrentungskampagne Anfang der 90iger und Mitte der 90iger-Jahre erreichen. Doch das Problem der Arbeitslosigkeit hat an gesellschaftlichen Sprengstoff nicht verloren. Durch die Arbeits- und Erwerbslosigkeit werden immer weitere Teile der Gesellschaft an den gesellschaftlichen Rand katapultiert – auf Sicherungssysteme ist kein Verlaß und Löhne und Transferzahlungen werden nur unregelmäßig gezahlt.

Ähnlich wie die Entwicklung auf anderen europäischen Arbeitsmärkten ist die Lage der Erwerbsfähigen, die keine oder eine nur minimale fachliche Kompetenz besitzen. Die Zukunftsperspektiven dieser Erwerbsfähigen müssen als sehr gering angesehen werden. Der Anteil der „unskilled" (nekvalifikovani) Arbeitskräfte unter den Erwerbslosen wird zunehmend größer (SGJ'97: S.96). Doch auch die Anzahl der Erwerbslosen mit anderen Zugängen zu Bildung steigt beharrlich – gerade diese Gruppe ist am stärksten von der Freisetzung betroffen.

Wenn man sich den Zeitraum der Arbeitslosigkeit betrachtet, fällt auf, daß nur ein Viertel der Erwerbslosen bis zu einem Jahr Arbeitslos ist, dreiviertel der Erwerbslosen sind länger als ein Jahr arbeitslos und hiervon sind rund ein Viertel nur länger als drei Jahre erwerbslos.

Offiziell wird die Rate der Arbeitslosen bei rund 25 Prozent der erwerbsfähigen Bevölkerung angegeben. Zu erkennen ist eine steigende Tendenz. Gründe hierfür sind auch in der BRJ Rationalisierungen durch Produktivitätszuwächse, die Aufhebung des Kündigungsverbotes und der Bedeutungsverlust der industriellen Fertigung am Wirtschaftsleben (Stärkung des Dienstleistungsgewerbes). Doch rechnet man Erwerbstätige mit festem Beschäftigungsverhältnis, die sich allerdings im Kurzurlaub befinden oder keinen Lohn erhielten, in diese Statistik mit ein, so ist der Anteil der Erwerbslosen deutlich über 25 Prozent (s.o.).

„Penny-Kapitalismus"

Eine ökonomische Erscheinung, die in keiner Statistik und in keiner offiziellen Publikation zu finden ist, ist die Expansion eines Sektors, der in der Wissenschaft „Penny-Kapitalismus" genannt wird. Also ein Bereich, in dem es um sogenannte Pfennig-Beträge geht, die dennoch das Überleben sichern. Immer mehr Menschen werden ausgemacht, die selbsterstellte, selbstgebackene und selbstgekochte Produkte „auf der Straße" anbieten. So finden sich in Parks oder Einkaufsstraßen Leute, die selbstgehäckelte Tischdeckchen anbieten, die auf der Landstraße Benzin in kleinsten Mengen aus der Plastikflasche oder kleinen Kanistern verkaufen, o. ä. Eine Entwicklung, die in den Zeiten der Sanktionen unter der Erscheinung der Schattenwirtschaft zugerechnet wurde. Doch mittlerweile sind hiervon viele Existenzen abhängig.

4.3.4. Rückhalt der wirtschaftlichen Reformen in der Bevölkerung

Im Rahmen einer ausgiebigen Studie über die Öffentliche Meinung und der Legitimität des politischen Systems der BRJ wird auch der Frage nachgegangen, inwieweit die Bevölkerung die gegenwärtige Entwicklung der wirtschaftlichen Transition unterstützt oder ablehnt. Erwartungsgemäß ist der Anteil der Befragten, die die gegenwärtige ökonomische Entwicklung als positiv bewerten sehr gering. Im einzelnen lassen sich zwei folgende Punkte hervorheben:

1. In der Beurteilung der Geschwindigkeit der Privatisierungen bewerteten ein Viertel der Befragten die gegenwärtigen Privatisierungen als „zu langsam“, rund ein Achtel bewertete diese als „genau richtig“ und knapp ein Fünftel der Befragten als „zu schnell“ (vgl. CPIJM, 1996: S.31).
2. Ungewöhnlich ist ein hohes Maß an Mißtrauen, daß die Befragten der Privatwirtschaft entgegenbringen. So bezeichneten 55 Prozent der Befragten private Unternehmen als nicht vertrauenswürdig (vgl. CPIJM, 1996: S.22ff.).

Betrachtet man die vorliegende Tabelle, so kann festgestellt werden, daß in einzelnen wirtschaftspolitischen Fragen, wie z.B. der Frage nach Arbeitsplatzsicherheit, dem System der SFRJ eher die Kompetenz zugeschrieben worden ist.

Tabelle 8: Positive Bewertungen von Lebensstandard und Ökonomischer Lage

(in Prozent)	Ökonomische Lage	Lebensstandard
SFRJ	47	67
BRJ	7	18
Zukünftig	24	28

(CPIJM, 1996: S.28)

Demnach besteht kein gesellschaftlicher Konsens über die gegenwärtigen Reformen auf wirtschaftspolitischen Terrain, vielmehr ist in weiten Bevölkerungsteilen der Unmut über das System der „Vetternwirtschaft“ groß. Es wird erkannt, daß die relevanten Privatunternehmen meist in den Händen der politischen Klasse sind und es auch schon erste Anzeichen für große Monopolbildungen gibt. Eine Rückbesinnung auf die damalige SFRJ und deren wirtschaftliches und soziales System sind mit der prekären finanziellen und sozialen Lage der Familien verknüpft. So kann konstatiert werden, das dem wirtschaftspolitischen Kurs der jugoslawischen und der serbischen Regierung die Legitimation seitens der Bevölkerung entzogen wird.

4.3.5. Jugoslawiens Handelsbeziehungen zur EU und zu den Anrainern

Im Außenhandel nehmen die europäischen Staaten eine dominante Position ein, sie machen rund 90 Prozent des gesamten Außenhandels aus. Die Staaten der EU haben sehr enge Beziehungen zu der BRJ, doch auch diese scheinen sich zunehmend zu lockern. Denn aufgrund der fehlenden wirtschaftlichen Zusammenarbeit während der internationalen Sanktionen kam der Außenhandel mit den Staaten der EU nahezu zum Stillstand. Im Aufwind ist der Außenhandel mit Anrainerstaaten wie Ungarn, FYROM, Bulgarien und Rumänien, dieser hatte 1996/1997 einen Anteil von einem Fünftel der gesamten Ein- und Ausfuhren. Hier kam es zu einem außenwirtschaftlichen Paradigmenwechsel, der auch als „Balkanisierung der wirtschaftlichen Beziehungen“ gesehen werden kann. Die wirtschaftlichen Verflechtungen mit den ehemaligen jugoslawischen Republiken Kroatien und BiH[12] kamen gänzlich zum Erliegen. Erst 1998 zeichnete sich eine Entspannung gegenüber Slowenien ab. Für das Jahr 1999 wird auch gegenüber Kroatien mit einer engeren Zusammenarbeit gerechnet. Leider liegen hierzu keine statistische Daten vor.

4.4. Die wirtschaftliche und soziale Lage nach der NATO-Intervention

Das Leben geht nach der vollständigen Zerstörung der Grundlagen des wirtschaftlichen Lebens weiter. Zum gegenwärtigen Zeitpunkt (Stand: August 1999) gibt es keine faßbaren und zuverlässigen Größen, die die Auswirkungen auf die sozialen und wirtschaftlichen Gefüge verdeutlichen. Denn gerade in der unmittelbaren Nachkriegssituation wird auch mit solchen Größen versucht die öffentliche Meinungsbildung zu beeinflussen. Doch es steht fest: Die NATO-Intervention im Frühjahr 1999 zerstörte weite Teile der (volkswirtschaftlichen) Produktionsmittel.

Dennoch scheinen wichtige Aspekte im Zentrum der wissenschaftlichen Auseinandersetzung zu stehen: Die weitere wirtschaftliche Isolation der BRJ, die Verknappung der (Konsum-)

---

[12] Der größte Anteil des Warenaustausches mit BiH ging in die Republika Srpska, der Serbischen Republik in BiH.

Güter, die Renaissance einer Schatten- und Subsistenzwirtschaft, die Arbeitslosigkeit und eine Verschärfung des „Brain-Drains“.

Verschärfung der internationalen Isolation der BRJ

Mit der Fortsetzung einer wirtschaftlichen Sanktionierungspolitik gegenüber der BRJ forcieren unterschiedliche Staaten und die internationale Staatengemeinschaft den wirtschaftlichen Druck auf die BRJ. Die fehlenden Möglichkeiten zur wirtschaftlichen Zusammenarbeit verschlechtern die Zugangsmöglichkeiten jugoslawischer Betriebe auf den Weltmarkt resp. Märkte in anderen Ländern und machen eine wirtschaftliche Zusammenarbeit mit Unternehmen und potentiellen Investoren im Ausland so gut wie unmöglich. Die Bindung wirtschaftlicher und finanzieller Integrationsangebote der westeuropäischen Staaten im Rahmen eines „Stabilitätspaktes für Südosteuropa“ an einen politischen Regimewechsel ist aus politischen Erwägungen nachzuvollziehen, bedeutet jedoch für einen Staat wie Jugoslawien, dessen ökonomische Infrastruktur nun gänzlich am Boden liegt, eine weitere Verschärfung der wirtschaftlichen und sozialen Situation. Die Auswirkungen einer solchen Politik gegenüber der BRJ sollen jedoch an anderer Stelle detaillierter untersucht werden.

Verknappung der (Konsum-) Güter

Eine Folge der weiteren internationalen Isolation auf dem Gebiet der Wirtschaft sowie der darniederliegenden Infrastruktur ist eine Verknappung der erhältlichen Güter. Dies bedeutet für einen rasant zunehmenden Teil der Bevölkerung nicht nur den Verzicht auf Konsumgüter, sondern auch den Verzicht auf Güter des alltäglichen Bedarfes; wie z.B. Lebensmittel, Hygieneartikel und pharmazeutische Produkte. So sinkt der Lebensstandard in weiten Teilen des Landes auf einen Stand noch vor dem zweiten Weltkrieg.

Renaissance von Schatten- und Subsistenzwirtschaft

Um den alltäglichen Entbehrungen entgegenwirken zu können entwickelt sich in Jugoslawien ein System der Schattenwirtschaft heraus. Immer mehr Artikel und Güter des alltäglichen Bedarfes sind nur noch über die schwarzen Märkte und Kanäle zu beziehen. Eine ähnliche Situation als zu den Zeiten der internationalen Sanktionen von 1992 bis 1996 (s.o.), jedoch mit einer anderen Ausrichtung: Ein großer Kaufkraftverlust durch eine hohe Inflation, eine hohe faktische Erwerbslosigkeit, ein Zusammenbruch des staatlichen Sozialsystems und eine Unterversorgung von Gütern führen zu einer Renaissance der Subsistenz-Wirtschaft.

Auf gesellschaftlicher Ebene ist eine ähnliche Entwicklung zu erkennen. Obwohl es in der BRJ ein eng geknüpftes zivilgesellschaftliches Netz gibt, gewinnen (groß-) familiäre Zusammenhänge an Bedeutung, da das Sozialsystem gänzlich ruiniert ist und die NGOs auf Grund einer schlechten materiellen Ausstattung wenig abfedern können. Für die Hälfte der Bevölkerung, die in ländlichen Strukturen lebt, stellt sich eine solche Erscheinung nicht als Problem dar. Für die städtische Bevölkerung allerdings kann diese Entwicklung nur negative Auswirkungen haben: Wo kann in einer Stadt wie Belgrad Subsistenzwirtschaft betrieben werden? Starke Pendlerbewegungen zwischen den urbanen Zentren Jugoslawiens und der ländlichen Peripherie sind Ausdruck dieser notgedrungenen Rückbesinnung auf familiäre und ländliche Gefüge.

Zunahme des Brain-Drains

Die Entwicklung einer Abwanderung intellektueller Kräfte in Anrainerstaaten und westeuropäische Staaten wird zunehmend zu einem Problem für die jugoslawische Volkswirtschaft, will sie weiterhin einen „eigenen" Weg gehen. Vor und während der NATO-Intervention nutzten im stärkeren Maße als noch bis 1997 Jugendliche, junge Erwachsene und Intellektuelle die Möglichkeit zur Emigration aus der BR Jugoslawien. Genaue Zahlen liegen leider noch nicht vor. Es kann jedoch davon ausgegangen werden, daß dies im Bereich von mehreren zehntausenden Personen liegt.

4.4.1. Wirtschafts- und sozialpolitische Handlungsstrategien

Die Notwendigkeit eines Handelns des Politischen Raums im Gebiet der Wirtschafts- und Sozialpolitik liegt auf der Hand. Die wesentlichen politischen Kräfte haben dies bei Zeiten erkannt. So forciert die Regierung der Republik Montenegro einen schnellstmöglichen Wiederaufbau der wirtschaftlichen Strukturen. Auf Grund der politischen Konstellationen, die scheinbar „demokratischer" arbeiten, findet Montenegro Unterstützung in westeuropäischen Staaten. In enger Zusammenarbeit mit der Bundesrepublik Deutschland und den Vereinigten Staaten von Amerika versucht der reformsozialistische Präsident Milo Đukanović Anschluß an andere MOE-/SOE-Staaten zu halten.

Die Bundesregierung Jugoslawiens und die Regierung der Republik Serbien verschieben wichtige Investitionsvorhaben und Ausbauvorhaben zu Gunsten wichtiger Aufbauarbeiten. Die internationale Reintegration Jugoslawiens halten diese Regierungen auf ersten Blick nicht für den wesentlichen Schritt ihrer Agenda. Priorität hat scheinbar der Aufbau einer normativen und materiellen

Infrastruktur für ein Wirtschaften. Im Wesentlichen ist kein Wandel der wirtschafts- und sozialpolitischen Agenda der Regierungen nicht zu erkennen. Die neuen Erscheinungen und Problemstellungen werden mit alten Rezepten bekämpft. So kommt z.B. der jugoslawische Staat seinen Zahlungsverpflichtungen nur durch die Inbetriebnahme der Notenpresse nach. Dies hat zur Folge, daß die Entwertung der Landeswährung Dinar in besorgniserrengender Geschwindigkeit vonstatten geht.

Ein Zusammeschluß von oppositionellen Wissenschaftler unter dem Namen „Gruppe G-17“, die aus Sicht der oppositionellen Parteien eine mögliche kommissarische Regierung Jugoslawiens stellen könnte, sieht in einem „Stabilitätspakt für Serbien“ folgende Punkte als „ökonomische Imperative“:

1. Eine Stabilisierung der Landeswährung.
2. Eine Kontrolle des staatlichen Haushaltsdefizites.
3. Eine Freigabe der Preise.
4. Die Schaffung eines realistischen und einheitlichen Wechselkurses sowie
5. eine neue Ausrichtung der sozialen Sicherungssysteme an Prinzipien des Marktes.

In weiten Bereichen der öffentlichen Wahrnehmung im In- und Ausland wird dieses Programm als „technokratisches Paket“ verstanden. Jedoch wird sehr oft unterschlagen, daß es sich hierbei eher um (neo-) liberale Vorstellungen handelt, dessen Wirksamkeit im Sinne eines Aufhaltens der zentrifugalen sozialen Kräfte in der jugoslawischen Gesellschaft hinterfragt werden muß.

5. DIE POLITISCHE SITUATION UND DAS POLITISCHE SYSTEM DER BRJ

Qua jure ist das politische System in der BRJ ein demokratisches System. In vielen Bereichen finden sich demokratische Elemente wieder. Die OSZE und andere internationale Institutionen zweifeln dieses auch nicht an, dennoch liegt die demokratische Bewegung in Serbien und Montenegro am Boden. Die gesellschaftliche Demokratisierung ist eng mit dem Zustand der demokratischen Oppositionsparteien und den Medien verknüpft. Aus diesem Grund ist es für den Verfasser wichtig, eine genauere Analyse der politischen Situation und des politischen Systems im Rahmen dieser vorliegenden Arbeit vorzunehmen.

Zunächst werden zwei Merkmale des politischen System untersucht: Die scheinbare Dominanz Serbiens in „Bundesangelegenheiten" und die „Ethnisierung" der politischen Strukturen. Folgen wird ein Blick auf die gegenwärtige Parteienlandschaft verknüpft mit einem Blick auf die politische Entwicklung der letzten sechs Jahre (seit dem Bestehen der BRJ). Den Oppositionsparteien wird hierbei auch Aufmerksamkeit geschenkt.

Da die internationalen Sanktionen und die NATO-Intervention im Frühjahr 1999 neben den o.g. ökonomische Auswirkungen auch Auswirkungen auf das politische System haben, sollte der Rückhalt der Politischen Strukturen sowie der Parteien- und Medienlandschaft in der Bevölkerung näher untersucht werden.

Da gerade Medien besondere Akteure im politischen Zusammenhang darstellen, werden diese an anderer Stelle gesondert untersucht.

5.1. Merkmale des politischen Systems der BRJ

Die politischen Strukturen entsprechen, wenn man sich die Verteilung der Entscheidungskompetenzen betrachtet, im wesentlichen denen der Bundesrepublik Deutschland. Jedoch verfügen die einzelnen Republiken und die Bundesrepublik Jugoslawien über ein präsidiales System: Der entsprechende Präsident bestellt die Regierung und stellt im wesentlichen auch den politischen Rahmen, in dem sich die Regierung zu bewegen hat. Eine weiterführende Untersuchung scheint in diesem Zusammenhang nicht weiter erforderlich..

5.1.1. Dominanz Serbiens in der jugoslawischen Politik

Ein Merkmal der jugoslawischen Politik oder vielmehr des jugoslawischen Systems ist die Dominanz der Republik Serbien bei wichtigen politischen Entscheidung oder bei der Verteilung wichtiger Ämter. Schon allein der Vergleich der Bevölkerungsanteile läßt erahnen, daß dies auch politisch Auswirkungen hat. Auch an der Zusammensetzung des Bundesparlamentes sieht man, daß rund Dreiviertel der Abgeordneten von serbischen Wahlkreisen gewählt worden.

Das Unbehagen mancher Wissenschaftler und Politiker richtet sich vielmehr auf die Übermacht der Serben bei der Besetzung zentraler politischer Ämter. So ist z.B. auch der derzeitige Präsident Slobodan Milošević Serbe. Der gegenwärtige jugoslawische Ministerpräsident Momir Bulatović ist hingegen ein Montenegriner.

Es fällt auf, daß wichtige Institutionen, wie z.B. die Leitungsebene des jugoslawischen Heeres oder die Leitung der Zentralbank ausschließlich mit Serben besetzt werden. Man legitimiert diese Dominanz mit einem Verweis auf die Zusammensetzung der jugoslawischen Bevölkerung, in der der Anteil der serbischen Bevölkerung deutlich überwiegt.

Mit der Wahl von Slobodan Milošević zum jugoslawischen Präsidenten am 23. Juli 1997 setzte eine Neubewertung der politischen Ämter ein. Vor seiner Wahl zum Bundespräsidenten beeinflußte er als Präsident der Republik Serbien das Wirken der Bundesregierung und des damaligen Bundespräsidenten Zoran Lilić maßgeblich. Zum damaligen Zeitpunkt wurden die wichtigen politischen Entscheidungen (auch der Bundespolitik) vom serbischen Präsidenten getroffen und in den politischen Strukturen des Bundes mit Hilfe der Majorität der serbischen Abgeordneten und Vertretern „durchgestimmt". Nun ist die Bundesebene in der politischen Entscheidungsfindung und in der öffentlichen Wahrnehmung relevanter geworden. Der gegenwärtige Präsident der Republik Serbien ist in die zweite Reihe gedrängt worden, gleichbedeutend mit dem Präsidenten der Republik Montenegro.

Der jugoslawischen Ministerpräsident Momir Bulatović ist ein alter Gefolgsmann von Slobodan Milošević und war noch 1997 Präsident der Republik Montenegro. Bei den Präsidentschaftswahlen am 21. September 1997 in Montenegro unterlag er nur knapp seinem langjährigen politischen Weggefährten Milo Đukanović (vormals Ministerpräsident von Montenegro)[13].

---

[13] Bei der damaligen Wahl am 21. September kandidierten beide als Kandidaten der Demokratischen Partei der Sozialisten Montenegros (DPSCG). Die Zulässigkeit mußte vom jugoslawischen Verfassungsgericht geklärt werden. Die Wählerschaft der Demokratischen Partei der Sozialisten Montenegros teilte sich in etwa zwei gleichstarke Fraktionen. Đukanović führte den Flügel der Reformsozialisten an. Bulatović stand für den Milošević-treuen Flügel.

Zur Zeit wird der jugoslawische Ministerpräsident von der Regierung Montenegros nicht anerkannt. Dies führte im Frühjahr und im Sommer 1998 zu politischen Spannungen zwischen der Regierung Montenegros und dem jugoslawischen Präsidenten, der hingegen von der Regierung Montenegros anerkannt wird. So gibt es unter den zahlreichen Parteien in Montenegro eine Bewegung für eine Sezession Montenegros - allerdings hat diese eine nur marginale Bedeutung in der politischen Landschaft. Erst mit der militärischen Eskalation des Kosovo-Konfliktes erfuhr die nationalistische Bewegung einen enormen Aufschwung. Obwohl die montenegrinische Regierung bisweilen eine künftige Eigenstaatlichkeit ausschloß, benutzen sie nun eine mögliche Sezession als Druckmittel gegen den jugoslawischen Präsidenten Milošević. Mit dieser Repressalie versucht die politische Elite in Podgorica um den Präsidenten Đukanović den Stellenwert der zweiten Republik auszubauen. Jedoch ist hiermit auch eine wesentliche Kompetenzverschiebung von der Bundesebene hin zur Republiksebene verknüpft. Im montenegrischen Kabinett wird gegenwärtig über eine eigene Außen- und Währungspolitik debattiert.

5.1.2. Die Ethnisierung des politischen Systems und der Parteienlandschaft

Gerade unter Berücksichtigung der demographischen Gegebenheiten in Jugoslawien ist es erstaunlich, daß sich das politische System und die Parteienlandschaft in den beiden jugoslawischen Republiken Serbien und Montenegro „ethnisierte“, d.h. daß die relevanten Parteien in beiden Republiken „monoethnische“ (VUKOMANOVIĆ, 1998: S.44) Organisationen sind. Goati, der diese Erscheinung untersuchte, sieht die Wurzel in den Kriegen um die Sezessionen Kroatiens und BiH. So sei es – obwohl es auf dem

Gebiet der heutigen BRJ zu keinen Kampfhandlungen gekommen ist – zu einer „ethnischen Polarisierung“ gekommen. Er schreibt:

> „In an atmosphere of deep ethnic polarization, party affiliations of individuals as a rule followed the lines of ethnic division. Thus, most parties created in both republics were ‚ethnic‘ in terms of their programmatic commitments and structure of voters.“ (GOATI, 1998: S.19)

Mit einem Blick auf die Sympathisanten und die Parteimitglieder der einzelnen Parteien kommt er zu dem Schluß, daß die Unterstützer der relevanten Parteien nur bis zu 5 Prozent aus der Reihen der Bevölkerungsminderheiten stammen. Vukomanović erklärt,

> „The formation of political parties of the Serbian majority prompted members of national minorities in Serbia to associate and organize themselves politically.“ (VUKOMANOVIĆ, 1998: S.44)

Doch sind diese Parteien und Wahlzusammenschlüsse in der Regel politisch marginalisiert. Nur wenige der rund 140 gemeldeten Parteien spielen bei Wahlen relevante Rollen. In der Regel sind dies Parteien der serbischen Bevölkerungsmehrheit. Lediglich aus der Vojvodina und aus dem Sandžak gibt es Parteien und Parteibündnisse mit Abgeordneten im serbischen Parlament.

Ähnlich sieht es in den Reihen der Exekutiven und der Judikativen aus. Die Regierung und ihre Organe (Polizei und Militär), sowie die Rechtsprechung sind von der serbischen Bevölkerungsmehrheit dominiert. Lediglich in der Vojvodina genießt die ungarische Bevölkerungsmehrheit eine weitestgehende Autonomie. Zoran Lutovac, Soziologe an der Universität Beograd, sieht drei Ebenen der Autonomie in der Vojvodina: Die personalpolitische Autonomie, die territoriale Autonomie und eine lokale und regionale Selbstverwaltung.

In der damaligen autonomen Provinz Kosovo-Metohija (dort ist die Bevölkerungsmehrheit albanischer Abstammung) gibt es seit 1988 keinerlei Autonomie: Sämtliche Staatsorgane sind dort „serbisch“ besetzt. Erst im Rahmen der Auseinandersetzungen um eine Sezession gab es Überlegungen, auch dort die albanischstämmige Bevölkerung im starken Maße einzubeziehen. Doch wird dies durch einen grundsätzlichen „Systemboykott“ der albanischstämmigen Bevölkerungsmehrheit im Kosovo erschwert. Seit der Auflösung des Status der „autonomen Provinz“ im Jahre 1988/89 enthält sich die Mehrheit der albanischstämmigen Bevölkerung bei Wahlen und entzieht sich den staatlichen Institutionen (auch Bildungs- und Gesundheitssystem), den statistischen Erhebungen und den Volkszählungen.

Mit der NATO-Intervention wurde diese Tendenz weiter verstärkt. Die ethnischen Grenzen scheinen als unüberwindbare Mauern einem zukünftigen Zusammenleben entgegenzustehen. Mit der Schaffung der unterschiedlichen Zonen im Kosovo und der durch Vertreibung und Flucht faktischen Schaffung ethnisch-homogener Siedlungsgebiete (Segregation nach ethnischen Gesichtspunkten) scheint ein friedliches Zusammenleben der ursprünglich gemischten Bevölkerung in weite Ferne zu rücken.

5.2. Der Parlamentarismus und die Parteienlandschaft

Die politischen Strukturen basieren auf einem parlamentarischen System. Doch wird in der Wissenschaft diesem Parlamentarismus nur sehr wenig Bedeutung zu gemessen. In der Öffentlichen Wahrnehmung des politischen Wirkens hat die Betrachtung der parlamentarischen Prozesse eine periphere Bedeutung. Slobodan

Antonić, Politikwissenschaftler am Institut für Staatswissenschaften in Beograd, nennt deshalb den Parlamentarismus in Jugoslawien eine „Karikatur des Parlamentarismus".

5.2.1. „Die Karikatur des Parlamentarismus"

Antonic konstatiert, daß der relativ „schwache" Parlamentarismus einer starken Regierung gegenüberstehe, und damit das Wirken in den Parlamenten durch ein Vetorecht des Rates der Republiken bedroht sei. Ebenso würde das Majoritätsprinzip, das in den Parlamenten gilt, keine Konsensfindung erfordern. Dies hätte unterschiedliche Konsequenzen zur Folge. Unregelmäßige Sitzungsperioden, eine kleine Anzahl von Gesetzen und Gesetzesinitiativen sowie das Monopol der Regierung über die Arbeit im Parlament (vgl. ANTONIĆ, 1998: S.56). Obwohl Antonić dem Parlamentarimus in Montenegro durchaus Ernsthaftigkeit bescheinigt, kommt er zu dem Schluß: „The Government dominated legislative initiatives here as well." (ANTONIĆ, 1998: S.65)

5.2.2. Die Parteienlandschaft

Im Zentrum der politischen Wahrnehmung in der Öffentlichkeit steht das Treiben der politischen Parteien, von denen allein in der Republik Serbien 140 angemeldet sind. Die Parteiengesetzgebung existiert nur auf der Ebene der Republiken. Das hat zur Folge, daß es in den beideden Republiken völlig unterschiedliche Parteien und Konstellationen gibt. Dies ist auf die Parteiengesetzgebung in der SFRJ zurückzuführen.

Es gibt keine Parteien, die auf bundesstaatlicher Ebene agieren. Vielmehr gibt es in beiden Republiken Schwesterparteien, die auf Bundesebene eng zusammenarbeiten. So gibt es z. B. in Serbien die Sozialistische Partei Serbiens (SPS), die eine direkte Nachfolgepartei des Bundes der Kommunisten Serbiens ist. In Montenegro hingegen ist die Nachfolgerin des Bundes der Kommunisten Montenegro die Demokratische Partei der Sozialisten Montenegros (DPS CG).

Der größte Teil der Parteien spielt in Serbien, wie auch in Montenegro, keine politische Rolle. Im Blickpunkt stehen nur wenige aber dafür sehr bedeutende Parteien, die das politische Geschehen maßgeblich beeinflussen, sei als regierende oder als oppositionelle Parteien. Die politische Parteienlandschaft in Montenegro befindet sich zur Zeit im Umwälzungprozeß. Derzeit ist noch nicht absehbar, in welchen Formationen die Parteien in Zukunft in Erscheinung treten werden. Aus diesem Grund konzentriert sich diese Arbeit im wesentlichen auf die Parteienlandschaft in der Republik Serbien, die im übrigen auch die Bundespolitik maßgeblich beeinflußt.

Folgend werden die regierenden Parteien und die Oppositionsparteien betrachtet. Die Bank der Oppositionsparteien ist gespalten. Deshalb ist es wichtig, auch auf die unterschiedlichen Lager dieser Oppositionsparteien Bezug zu nehmen. Hierbei stehen die Programmatik, die potentielle Wählerschaft und ihre Relevanz im politischen Alltagsgeschäft im Vordergrund.

5.3. Die regierenden Parteien

Unangefochten regieren auf bundesstaatlicher Ebene und in beiden Republiken die politischen Nachfolger der kommunistischen Parteien, in Serbien die Sozialistische Partei Serbiens (SPS) und in Montenegro die Demokratische Partei der Sozialisten Montenegros (DPS CG). Bei den Wahlen sind dies die Parteien mit dem größten Stimmenanteil. So regiert in der BR Jugoslawien eine politische Elite, die auch schon in den Zeiten der SFRJ am politischen Geschehen maßgeblich mitwirkte (dies schließt auch Đukanović ein). So auch der damalige Präsident Serbiens Slobodan Milošević, der bis 1997 unangefochtener Präsident in Serbien war und Momir Bulatović, der vor 1989 hohe Parteiämter innehatte und 1989 den damaligen Präsidenten der Republik Montenegro ablöste. Aus diesem Grund stellt die BRJ ein Sonderfall unter den Ländern dar, die sich seit 1989 im politischen Wandel befinden.

Bei den letzten Wahlen zum Bundesparlament im November 1996 errangen die SPS rund 46 Prozent (64 von 138 Sitzen) und die DPS CG rund 14 Prozent (20 Sitze) und konnten hierdurch ihre politische Macht.

5.3.1. Die Sozialistische Partei Serbiens und die Jugoslawische Vereinigte Linke

Die SPS spielt *die* zentrale Rolle im politischen Geschehen Jugoslawiens. Sie ist die mitgliederstärkste[14] Partei und verfügt über die größten Stimmenanteile bei den Wahlen seit 1989. So beschreibt Antonić die Rolle der SPS im serbischen Parlament von 1990 bis 1992 als eine „dominante Partei mit einer qualifizierten Mehrheit". Nachdem 1992 der neue Staat der BRJ ausgerufen wurde und neue Wahlen zum Bundesparlament stattfanden, konnte die SPS ihre Vormachtstellung behaupten. Allerdings sprich Antonić nur von

[14] Leider liegen der Wissenschaft keine genauen Zahlen über die Mitgliedschaften und Mitgliedsstrukturen vor. In vielen Parteien gibt es eine „Mitgliedschaft" nicht. So zählt z.B. die Serbische Radikale Partei alle Unterstützer zu dem Kreis der Mitglieder. Die genauen Zahlen der Mitgliedschaften sind strenge Geheimnisse.

einer „relativen Mehrheit“ mit einem „ausgebauten Einfluß“ an der Gestaltung der Regierung (vgl. ANTONIĆ, 1998: S.59f.).

Bei den letzten Wahlen zum serbischen Parlament am 21. September 1997 konnte die SPS weiterhin die Mehrheit der Mandate gewinnen, mußte jedoch schwere Stimmeneinbußen hinnehmen. Bei diesen Wahlen trat ein Wahlbündnis aus SPS und der Jugoslawischen Vereinigten Linke und der Neuen Demokratie[15] an, und konnte von 253 Sitzen lediglich 110 Sitze gewinnen. Doch ist dieser Anteil der mit Abstand größte, der erreicht wurde. Die Partei der Jugoslawischen Vereinigten Linken (JUL) ist eine Schwesterpartei der SPS und setzt sich aus ehemaligen Führungskadern der SFRJ (Laslo Sekelj spricht von „Aparatschiks“), sozialistischen Jugendlichen und ranghohem Militär zusammen. Die Vorsitzende der JUL ist Mira Marković, die Ehefrau des jugoslawischen Präsidenten und Vorsitzenden der SPS, Slobodan Milošević.

Programmatisch stehen sich beide Parteien sehr nah und treten für soziale Gerechtigkeit, Gleichheit und staatlichen Dirigismus der Wirtschaft ein. Sie sehen sich als Garanten des Fortbestehens des jugoslawischen Staates. Die SPS sieht sich selbst als die „Mutter des Staates und der Republik“. Laslo Sekelj, Soziologe am Institut für Europäische Studien in Beograd, spricht von „staatsbildender Partei“ (vgl. SEKELJ, 1997: S. 12f.). Für JUL steht die Rückbesinnung auf die Idee eines sozialistischen gesamtjugoslawischen Staates im Vordergrund ihrer Programmatik. Innerparteilich verfügen beide Parteien über gefestigte Organisationsstrukturen (auch in ländlichen Regionen) und über eine einheitliche Meinungsfindung.

[15] Die Partei „Neue Demokratie“ ist eine eher bedeutungslose Partei, die als ehemals oppositionelle Partei nun als Schattenpartei der SPS existiert.

Beide Parteien sind sogenannte „Führerparteien", die an den Vorsitzenden bzw. an der Vorsitzenden ausgerichtet sind. .

Folgt man Pantić vom Staatswissenschaftlichen Institut in Beograd, so besitzen die Mitglieder und Wähler der SPS und von JUL eine starke Systembindung, Vertrauen in staatliche Insitutionen, einen Patriotismus, eine Neigung zu authoritären Gedankengut und Mißtrauen gegenüber anderen Menschen (vgl. hierzu PANTIĆ, 1998).

Tabelle 9: Hohe Wählerstimmenanteile zugunsten SPS / JUL in Kosovo-Metohia bei der Wahl zum Bundesparlament im November 1996

Wahleinheit	Wahlbeteiligung in %	Stimmenanteil SPS/JUL in %	Mandate SPS /JUL
Leskovac	76,51	59,79	3
Vranje	52,32	66,91	3
Kosovska Mitrovica	17,69	63,94	3
Priština	19,65	64,28	3
Peć	19,12	79,20	5

(Daten aus: Statistički Godišnjak 1997, S. 39ff.)

Untersucht man die Wahlkreise mit den stärksten Bindungen zugunsten der SPS und JUL stößt man auf erstaunliche Ergebnisse. Die Wahlkreise mit den bislang größten Stimmenanteilen für die SPS liegen in der südserbischen Provinz Kosovo, in der der größte Teil der Wahlberechtigten albanischer Abstammung ist. Doch zieht man die Wahlbeteiligung in Betracht, so kann festgehalten werden, daß die SPS dort nur deshalb so stark war und ist, da sich die albanische Bevölkerung gänzlich dem politischen Leben der

BRJ durch Systemboykott entzog und immer noch entzieht (vgl. LUTOVAC, 1998: S.129f.) und die Wähler weitestgehend aus den Reihen der dort ansässigen Serben stammen.

5.3.2. Die Demokratische Partei der Sozialisten Montenegros

Die DPS CG ist die regierende Partei Montenegros. In der politischen Erscheinung dieser Partei hat sich in den letzten zwei Jahren ein Wandel vollzogen. Von einer „berechenbaren" politischen Größe, die den damaligen serbischen Präsidenten Milošević stützte, entwickelte sich die DPS CG zu einer reformsozialistischen Partei, die dem gegenwärtigen jugoslawischen Präsidenten Milošević die Zähne zeigt. Seit dem bestehen der BRJ ist die DPS CG maßgeblich an der Bildung der Regierung Montenegros beteiligt. Obwohl diese Partei bei Wahlen eine qualifizierte Mehrheit an Mandaten erringt, bildeten sich seit 1992 nur Regierungskoalitionen mit anderen, zum Teil auch demokratischen Oppositionsparteien oder Parteien und Zusammenschlüssen der Bevölkerungsminderheiten.

Seit Anfang der 90iger-Jahre wird die DPS CG von Momir Bulatović, einem Gefolgsmann Miloševićs, geführt. Innerparteilich kam es im Rahmen der Vorbereitungen für die Präsidentschaftswahl am 21. September 1997 zu Spannungen, da der damalige Ministerpräsident Montenegros Milorad Đukanović den Präsidenten Bulatović beerben wollte. So kandidierten bei der Präsidentschaftswahl beide Kandidaten für die selbe Partei – ein Novum in der jugoslawischen Parteiengeschichte. Seitdem ist die DPS CG in zwei etwa gleichstarke Lager gespalten. Đukanović wurde als Präsident gewählt und führt seitdem die politischen Geschäfte in Montenegro an. Sein Name wird mit Demokratisierung und Toleranz in Zusammenhang gebracht, so wird er auch von Minderheiten politisch unterstützt. Der „neue Geist", der von Đukanović gepriesen wird, gehört schon seit 1995 zu den programmatischen Grundsätzen der DPS CG. Diese Grundsätze umfassen eine Demokratisierung der politischen Strukturen in ganz Jugoslawien, eine liberale Marktwirtschaft und eine weitestgehende Privatisierung des gesellschaftlichen Eigentums an Produktionsmitteln (vgl. SEKELJ und VUKOMANOVIĆ).

Milorad Đukanović gilt für seine Wähler und seine Unterstützer als Verfechter für wirtschaftliche und gesellschaftliche Reformen. Sein Vorgänger und gegenwärtiger Gegenspieler Momir Bulatović gilt als Garant der engen Verbrüderung mit den serbischen Sozialisten, so wird er weitestgehend von Montenegrinern serbischer Abstammung unterstützt.

5.4. Oppositionelle Parteien in Serbien

Neben den sozialistischen Parteien, die in beiden Republiken und auf der Bundesebene die Mehrheit stellen, gibt es eine große, kaum zu überblickende Zahl von Oppositionsparteien. Im wesentlichen werden in der wissenschaftlichen Betrachtung und in der öffentlichen Wahrnehmung nur fünf weitere Parteien als „relevant" eingestuft: Die Serbische Radikale Partei, die Serbische Erneuerungsbewegung, die Demokratische Partei Serbiens, die Demokratische Partei und die Bürgerliche Allianz Serbiens. Die programmatische Spannweite dieser fünf Parteien könnte nicht weiter sein. Doch sind dies die Parteien, die im politischen Willensbildungsprozeß teilhaben, da sie größere und überregionale Parteien sind. Denn neben diesen Parteien gibt es eine Vielzahl von regionalen und lokalen Parteien – die allerdings keine Bedeutung für den politischen Prozeß haben.

5.4.1. Die Serbische Radikale Partei – Ein Sonderfall

Unter den Oppositionsparteien ist die Serbische Radikale Partei (SRS) ein Sonderfall. Sie ist auf bundespolitischer Ebene als Oppositionspartei zu bezeichnen. Dennoch ist sie als Koalitionspartner (vgl. Pantić, 1998) der SPS an der Regierung Serbiens beteiligt.

Ihr Vorsitzender Voijslav Šešelj ist stellvertretender Ministerpräsident Serbiens. Šešelj kandidierte bei den letzten serbischen Präsidentschaftswahlen gegen den ehemaligen jugoslawischen Präsidenten Zoran Lilić. In der zweiten Runde der Wahlen am 5. Oktober 1997 gewann er die Mehrheit der Stimmen. Jedoch wurden die Wahlen von der Wahlkommission und der Wahlleitung annulliert, da die Wahlbeteiligung unter 50 Prozent lag[16].

Bei der Wiederholung der Wahlen traten SPS und JUL mit Milan Milutinović an, der letztlich die Wahlen für die SPS und JUL gewinnen konnte. Bei den Wahlen für das serbische Parlament, die auch am 21. September 1997 stattfanden, konnte die SRS die zweitgrößte Anzahl der Stimmen vereinen. Im serbischen Parlament stellt die SRS die zweitgrößte Fraktion mit rund 81 Sitzen (gegenüber SRS/JUL mit 110 Sitzen) dar und wird durch diesen Wahlgewinn auch als stärkste Oppositionspartei bezeichnet (vgl. VUKOMANOVIĆ, 1998: S.37).

---

[16] Das gute Abschneiden von Šešelj bei der zweiten Runde am 07. Oktober wurde international mit Besorgnis wahrgenommen. Erst nach der Annullierung (am folgenden Tag) konnte (auch international) „aufgeatmet" werden. Sogar der damalige Außenminister der BRD Klaus Kinkel stellte sich hinter eine Annullierung und hielt im Falle eines erneuten Sieges Šešeljs eine politische Isolierung Serbiens für notwendig.

Sekelj bezeichnet die programmatischen Vorstellungen der SRS als „populistisch, großserbisch“ und „verbal aggressiv“ (SEKELJ, 1997: S.12f.). Die SRS bekennt sich zu einem „Großserbien“, das nach Bekundungen ihres Vorsitzenden Šešelj erst die richtige Größe habe, wenn es eine gemeinsame Grenze mit Großdeutschland habe. Gemeinsame Wahlkampfauftritte mit dem russischen Nationalisten Vladimir Shirinovski oder dem Vorsitzenden der französischen Front Nationale, Jean-Marie Le Pen sollten Šešelj als zukünftigen, international geachteten Staatsmann zeigen.

Die systematische Vertreibung von ethnischen Minderheiten (insbesondere jedoch Muslime, Kroaten, Roma und Albaner) ist ebenso im Programm dieser Partei zu finden, wie ein Bekenntnis zur freien Marktwirtschaft. Der Slogan „Jedem das Seine“ wird als Leitmotto für die sozial- und wirtschaftspolitischen Vorstellungen erhoben. Im Konflikt um die Zukunft der südserbischen Provinz Kosovo-Metohija forciert die Radikale Partei eine harte Haltung gegenüber der NATO und setzte sich für eine gewaltsame Vertreibung der albanischstämmigen Bevölkerung ein.

Die Radikale Partei Serbiens – die „Partei der Lumpen“

Das Mitgliederklientel kann als übertrieben patriotisch, xenophob, authoritär, nationalistisch und intolerant umschrieben werden. Die Wähler und die Sympathisanten dieser Partei stammen weitestgehend aus den Reihen von sozial und wirtschaftlich Marginalisierten (vgl. hierzu Tabelle 10). Laslo Sekelj bezeichnet daher die SRS als eine „Partei der Lumpen“ (SEKELJ, 1997: S.11). Damit meint Sekelj vornehmlich ungebildete und ehemalige „Četniks“, serbische Flüchtlinge aus BiH, Kroatien und „Kolonisten aus der Vojvodina“. Untersucht man die Ergebnisse der letzten Präsidentschaftswahl so können die Aussagen zu dem Wählerklientel von Sekelj gestützt werden.

Tabelle 10: Hochburgen von Šešelj und der SRS bei den letzten Präsidentschaftswahlen in Serbien vom 07. Dezember 1997

(Hochburgen der SRS)	**Stimmen für Milutinović**	**Stimmen für Šešelj**
Niš	12.398	12.472
Užice	8.733	11.016
Bajina Bašta	2.775	3.207
Ivanjica	5.911	6.053
Novi Sad	46.478	51.645
Zemun	6.984	9.193
Kragujevac	15.381	17.719

(Daten aus: Wahlanalyse vom 08.Dezember 1997, Friedrich-Ebert-Stiftung Büro Belgrad)

Die Hochburgen der SRS liegen vor allem in Gebieten, in denen ein hoher Anteil von Flüchtlingen aus den serbischen Gebieten aus Kroatien und Bosnien-Herzegovina zu finden sind. Eine Ausnahme bildet die Stadt Zemun (eine direkte Nachbarstadt von Novi Beograd). Hier war Šešelj Bürgermeister und genießt daher einen hohen Amtsbonus. Erst unter seiner Ägide wurden auch in Zemun serbische Flüchtlinge im verstärkten Maße angesiedelt.

In Montenegro gibt es eine Schwesterpartei der SRS, die dort allerdings nur eine marginale Rolle spielt. Da es in der BRJ und in den Republiken keine Mindestklauseln für den Einzug in das Parlament gab und gibt, ist sie trotzdem im Parlament Montenegros vertreten.

Nachhaltig schlechte Auswirkungen sollte die Beteiligung der SRS an der serbischen Regierung auch für die Medienlandschaft Serbiens haben. Im Herbst 1998, auf dem Höhepunkt der Kosovo-Krise, verbat der serbische Minister für Presse und Informationswesen, Aleksandar Vučić (SRS), einen Großteil der Redaktionen der demokratischen Presse unter dem Vorwand des Verrates jegliche weitere Arbeit. Dies geschah mit Hilfe eines Erlasses über „Außergewöhnliche Maßnahmen im Falle drohender NATO-Angriffe".

Betroffen waren Rundfunkstationen (z.B. Radio Indeks später auch Radio B-92) ebenso wie Printmedien (z.B. Naša Borba, Dnevni Telegraf, Nedelnji Telegraf). Die Verbreitung von Artikeln und Sendungen aus dem Pool der BBC, der Deutschen Welle oder von Radio Free Europe / Radio Liberty wurde untersagt und Journalisten wurden mit Haftstrafen bedroht. Der stellvertretende serbische Ministerpräsident Šešelj rief sogar im Oktober 1998, als ein Luftschlag der NATO drohte, zur Jagd auf Staatsbürger aus den NATO-Staaten auf.

5.4.2. Die „Demokratische" Opposition

Seit den Protesten im Winter 1996/1997, die sich für die Anerkennung der Wahlergebnisse der Kommunalwahlen in Serbien einsetzten, ist auch außerhalb Jugoslawiens ein Bündnis von oppositionellen Parteien in Erscheinung getreten. Dieses Bündnis trat 1992 zur Wahl des Bundesparlamentes an. Als Demokratische Bewegung Serbiens (DEPOS) sollte dieses Bündnis als programmatisch geschlossene Bewegung, die sich aus unterschiedlichen sog. demokratischen Parteien gründete, die Wähler an sich binden. Doch wurden sehr schnell die programmatischen Brüche deutlich. Anstatt eine einheitliche Bewegung zu werden, entwickelte sich

DEPOS zu dem was es eigentlich war: Eine unverbindliche Zusammenarbeit unterschiedlicher Parteien, die nur das gemeinsame Interesse hatten, die politische Macht mit demokratischen Mitteln zu übernehmen. Bei den Kommunalwahlen 1996 traten die DEPOS-Parteien unter dem Namen „Zajedno" (Gemeinsam) an. Die größten Parteien und ihre Vorsitzenden übernahmen schnell die Meinungsführerschaft: Die Serbische Erneuerungsbewegung von Vuk Drašković, die Demokratische Partei von Vojislav Kostunica, die Demokratische Partei Serbiens von Zoran Đinđić und die Bürgerliche Allianz von Vesna Pešić. Andere Parteien, wie die Liberale Partei Serbiens oder die Sozialdemokratische Union, die ebenfalls dem Bündnis Zajedno beiwohnten wurden politisch an den Rand gedrängt.

Das Wahlbündnis Zajedno und der Protest der Studierenden im Winter 1996/1997

Nachdem im Winter 1996/1997 Studierende gegen eine Novellierung des Hochschulgesetzes in Serbien und gegen das Regime Milošević auf die Straße gingen, beteiligte sich auch das Bündnis Zajedno und dessen Vorsitzenden Drašković, Pešić und Đinđic maßgeblich an der Mobilisierung und der Aufrechterhaltung des Protestes. Der Protest dauerte mehrere Monate an und forderte die Anerkennung der „richtigen Wahlergebnisse" der damaligen Kommunalwahl. Die Protestbewegung hielt den ganzen Winter an und fand ein jähes Ende als der serbische Präsident Milošević erklärte, er würde das Ergebnis der Kommunalwahlen anerkennen. Bei diesen Kommunalwahlen siegte das Bündnis Zajedno in den 14 größten Städten und Ortschaften in Serbien. Jedoch wurde das Wahlergebnis von der Regierung zunächst nicht anerkannt. Erst nach der Anerkennung durch die serbische Regierung im Februar (also drei Monate nach den Wahlen) zogen nun die ersten Bürgermeister aus Reihen der demokratischen Parteien in die Rathäuser ein. So auch der belgrader Soziologieprofessor Zoran Đinđic.

Der Bruch Zajednos

Am 21. September 1997 fanden die Parlamentswahlen und die erste Runde der Präsidentschaftswahlen statt. Im Vorfeld konnten sich jedoch die demokratischen Parteien des Bündnisses Zajedno nicht einigen, ob sie sich an diesen Wahlen als Bündnis beteiligen sollten und ob sie gemeinsame Kandidaten ins Rennen schicken sollten. Diese strategischen und die mittlerweile unüberwindbaren programmatischen Gegensätze (wie z.B. die Frage des zukünftigen Wirtschafts- und Sozialsystems oder die Einführung einer konstitutionellen Monarchie) sollten im Sommer 1997 zum Bruch des Bündnisses führen. Zajedno spaltete sich in *„intransigente"* und *„klassische parlamentarische"* (nach Otto Kirchheimer) Oppositionsparteien.

Die Serbische Erneuerungsbewegung beteiligte sich an den Parlamentswahlen am 21. September und schickte ihren Vorsitzenden Drašković als Gegenkandidat zu Zoran Lilić in die erste Runde der Präsidentschaftswahl. Der unnachgiebige Teil des ehemaligen Bündnisses bildete ein „Bojkot"-Bündnis gegen die Wahlen und beteiligte sich folglich nicht an den Wahlen und wollte auch die Wähler für eine bewußte Wahlenthaltung mobilisieren. Die maßgeblichen Parteien waren die beiden Demokratischen Parteien (DSS und DS) und die Bürgerliche Allianz. Die „Bojkot"-Bewegung und die Präsidentschaftwahl im Herbst 1997

Durch den Wahlboykott sollte nicht das parlamentarische System in Frage gestellt werden, sondern vielmehr sollte der serbische Parlamentarismus (der auch gern als „Karikatur des Parlamentarismus“ bezeichnet wird, s.o.) in Frage gestellt und dem gesamten Regime die Legitimität entzogen werden. Des weiteren wollte man bei den Präsidentschaftswahlen eine Systemkrise verursachen, denn nach dem serbischen Wahlgesetz muß im Gegensatz zu den Parlamentswahlen, bei denen keine Mindestklauseln der Beteiligung existieren, eine Wahlbeteiligung von über 50 Prozent erreicht sein, ansonsten sind die Wahlen ungültig und müßten wiederholt werden. Bei der erste Runde zur Präsidentschaft errang keiner der angetretenen Kandidaten die nötige relative Mehrheit, so wurde eine weitere Wahlrunde notwendig. Bei dieser zweiten Runde gewann der Kandidat der SRS, Šešelj. Insbesondere bei diesem zweiten Wahlgang versuchte die sogenannte „Bojkot-Bewegung“ die Wähler zu einer bewußten Wahlenthaltung zu bewegen, da ein Sieg Šešeljs schon im Vorfeld von unterschiedlichen Seiten prognostiziert wurde. Am Tag nach der Wahl annullierte die Wahlkommission die Wahl, da die Wahlbeteiligung knapp unter 50 Prozent lag und daher das Wahlergebnis ungültig sei. Im Dezember mußten die Präsidentschaftswahlen wiederholt werden und ein neuer Kandidat der SPS, Milan Milutinović wurde serbischer Präsident.

Die SPO konnte von ihrer Beteiligung an den Wahlen profitieren. Sie konnte die Anzahl ihrer Mandate im Parlament aufstocken und stand direkt nach der Wahl als Koalitionspartner der SPS zur Verfügung. Im Zuge dieser (auch gerade personellen) Aufwertung der Partei und ihres Vorsitzenden Drašković brachen die noch bestehenden Zajedno-Bündnisse auf kommunaler Ebene. Drei Tage nach den Wahlen vom 21. September wurde der Vorsitzende der DS, Zoran Đinđić, von seinem Amt als Bürgermeister der Stadt

Beograd durch eine Koalition aus SPO und SPS vom Stadtrat enthoben. Der endgültige Bruch der demokratischen Kräfte war hiermit vollzogen.

Die Auswirkungen des Wahlboykottes auf die „Bojkot“-Parteien

Da die Wahlbeteiligung bei der Parlamentswahl am 21. September 1997 bei rund 55 Prozent lag, konnte die „Bojkot“-Bewegung ihr selbstgestecktes Ziel nicht erreichen. Durch die Nichtkandidatur verloren diese Parteien ihre parlamentarischen Standbeine. Darüber hinaus haben sich die Zugangsmöglichkeiten zu den Medien während und nach der Bojkot-Kampagne für sie deutlich verschlechtert. Aufgrund ihrer Nicht-Kandidatur hatten sie keinen Anspruch mehr auf Wahlwerbesendungen und auf Redezeiten. Nur in alternativen, nichtstaatlichen und oppositionellen Medien waren sie zu finden, wie z.B. in den Tageszeitungen „Naša Borba“ (Unser Kampf), oder „Demokratija“, im Rundfunk bei „Radio Indeks“, „B92“ oder im lokalen Fernsehen bei „Studio B“. Doch sind die meisten dieser Medien außerhalb der Ballungszentren nicht zu empfangen.

Eine nachhaltige Wirkung dieses Boykottes ist ein hoher Bedeutungsverlust dieser Oppositionsparteien. Im öffentlichen Diskurs ist die DS, die DSS und die GSS gegenwärtig kaum mehr präsent.

Die Programmatische Spannweite der demokratischen Opposition

Die programmatischen Gemeinsamkeiten der demokratischen Oppositionsparteien lassen sich mit nur wenigen Wörtern beschreiben: Das Eintreten für eine Demokratisierung des politischen und gesellschaftlichen Systems und für eine „marktwirtschaftliche“

Wirtschaftsordnung. Laslo Sekelj beschreibt die programmatischen Eckpunkte der SPO mit den Worten „Tradition, Kirche und Familie“. Doch vernachlässigt Sekelj das Eintreten der SPO für eine konstitutionelle Monarchie. Genaue Vorstellungen der SPO zu einer Einführung der Monarchie sind jedoch nicht bekannt, vielmehr wird dem jugoslawischen König[17] eine „identitätsstiftende“ Funktion zugeschrieben.

Die beiden Demokratischen Parteien und die GSS bekennen sich ganz klar zur weltlich-demokratischen parlamentarischen Bundesrepublik, gegen eine Monarchie. So fordern alle drei Parteien eine klare politische Anbindung an Europa. Allerdings sind die DS und die DSS im Vergleich zur GSS recht nationale Parteien[18], die keinen großen Wert auf ein multiethnisches System legen. Die GSS tritt hingegen entschlossen gegen eine nationale und kriegerische Politik und für die Bürgerrechte der Minderheiten ein.

Die Wähler der SPO sind jung und stammen weitestgehend aus dem ländlichen Raum (z.B. aus der Šumadija oder der Region Valjevo und Užice) und haben meist nur geringen Zugang an kulturellem Kapital. Die demokratischen Parteien DSS und DS werden auch weitestgehend von jüngeren Bürgern unterstützt und gewählt. Die Wählerschaft stammt in der Regel aus urbanen Zentren, wie z.B. Beograd, Novi-Sad oder Pančevo und umfaßt auch die „klein- und mittelständische Intelligencija“ (SEKELJ, 1997: S.11f.). Die GSS hat einen kleinen aber exklusiven Unterstützerkreis in urbanen Ballungszentren (z.B. Beograd oder Novi Sad).

---

[17] Das jugoslawische Königshaus wurde 1943 von den Partisanen vertrieben und lebt jetzt im Exil in London.

[18] Ein Indiz hierfür ist auch die damalige politische Unterstützung des Kriegsverbrechers Radovan Karadžić.

Die Sympathisanten und Wähler stammen weitestgehend aus sozialliberalen Kreisen der Intellektuellen, insbesondere der Wissenschaftler.

Die demokratischen Parteien und der Kosovo-Konflikt

Während einer Eskalation des Kosovo-Konfliktes im Herbst 1998 und insbesondere im Zuge der NATO-Intervention im Frühjahr 1999 verschlechterte sich die politische Reputation der demokratischen Parteien im In- und Ausland – allerdings unter konträren Vorzeichen.

Im Ausland verloren die demokratischen Parteien schnell an Ansehen, da sie während der „heißen Phase" kaum glaubhafte programmatische Alternativen zu der aggressiven Vertreibungspolitik Milošević anboten. Für die größte Fraktion demokratischer Kräfte war ein veränderter Status der Provinz Kosovo-Metohija ebenso undenkbar wie für die systemtragenden Parteien SPS und DPS CG. Denn ein Veränderung der politischen Strukturen zugunsten einer selbständigen / autonomen Provinz Kosovo-Metohija gilt als Tabuthema in der jugoslawischen, insbesondere in der serbischen Öffentlichkeit. Ein „kampflose" Abgabe / Abtretung dieser serbischen Provinz gilt nachwievor als politischer und patriotischer Verrat.

Dennoch verloren die demokratischen Parteien auch in der BRJ zunehmend den Rückhalt in der Öffentlichkeit. Schon vor der militärischen Intervention der NATO war der öffentliche Rückhalt in der serbischen Bevölkerung nicht sehr ausgeprägt, jedoch verschlechtete sich ihre Lage rasant. In der Öffentlichkeit wurden die demokratischen Kräfte oftmals als „fünfte Kolone" der NATO-

Staaten – als Verräter und Feiglinge diffamiert. Letzteres sollte einzelne Oppositionsführer wie Đinđić oder Nenad Čanak treffen, die während der Luftangriffe (partiell) ins inländische oder ausländische Exil wechselten. So hielt sich der Vorsitzende der Demokratska Stranka, Zoran Đinđić, lange Zeit in Podgorica auf.

Aus Podgorica war es möglich, wichtige Kräfte der demokratischen Opposition zu vereinen. Die alten Zweckbündnisse DEPOS und Zajedno wurden wiederbelebt. Erst engagierten sich zwei unterschliedliche Allianzen (Allianz für den Wandel und Allianz der demokratischen Parteien) für den politischen Wechsel in Jugoslawien. Bald jedoch wurde eine gemeinsame Arbeitsgrundlage gefunden, die ihren Höhepunkt in der Machtübernahme einer unabhängigen, technokratischen Experten-Regierung finden soll. Durch die Vermittlung einzelner Würdenträger der Serbisch-orthodoxen Kirche gelang es sogar, den von Milošević geschaßten ehemaligen jugoslawischen Ministerpräsidenten und Vorsitzenden der SPO, Vuk Drašković, zurück ins Boot der demokratischen Bewegung zu holen. Jedoch treten immernoch programmatische und stategische Brüche hervor: Zuletzt bei der Ausgestaltung der bisher größten Demonstration am 19. August 1999 in Belgrad mit rund 150.000 Demonstranten, die den Rücktritt des jugoslawischen Präsidenten forderten.

Erstaunlich ist auch in diesem neuen Zweckbündnis die Spannweite der Motive für das Engagement. So sind pazifistische Gruppen, die sich gegen die kriegerische Politik des Regime wenden, neben nationalistischen Gruppen zu finden, die den Verlust des serbischen Kosovo als Antrieb für Ihr Engagement gegen das Regime sehen.

Die innerparteiliche Entscheidungsfindung in den Parteien

Betrachtet man die innerparteilichen Strukturen der Oppositionsparteien, so kann festgestellt werden, daß sie zwar für eine gesellschaftliche und politische Demokratisierung eintreten, sie sich aber innerparteilich in keiner Weise an demokratische Prinzipien gebunden fühlen. So ist der größte Teil der demokratischen Parteien eine auf den Vorsitzenden zentrierte „Führerpartei". Eine Ausnahme bildet lediglich die GSS, die auch innerparteilich über starke demokratische Gremien verfügt.

Das serbische Wahlgesetz, das 1995 in Zusammenarbeit zwischen der SPS mit den Oppositionsparteien entstand, sieht unter anderem auch vor, daß der Vorsitzende einer Partei auch beschließt, welche Abgeordnete für die jeweilige Partei in das Parlament einziehen. Dieser Punkt wurde von den Oppositionsparteien mitgetragen. So betrachtet man Demokratie als institutionalisierten, parlamentarischen „Parteienpluralismus".

5.5. Der Rückhalt des politischen Systems und der Parteien in der Bevölkerung

Der öffentlichen Meinung wird eine zentrale Bedeutung in der Frage nach einer möglichen Legitimation des politischen Systems und der politischen Strukturen beigemessen. Hierbei steht nicht die Berichterstattung der unterschiedlichen Medien im Zentrum der Fragestellung, sondern vielmehr die politische Meinungsäußerung der Bevölkerung hinsichtlich des politischen Systems und insbesondere im Hinblick auf die sozialistische Regierung.

Das Zentrum für Meinungsforschung und politikwissenschaftliche Studien der Universität Belgrad und das unabhängige Institut der

Staatswissenschaft[19] untersuchten seit 1992 den Kontext von Öffentlicher Meinung und Legitimität des Systems – und dies mit massiver finanzieller Unterstützung internationaler Nichtregierungsorganisationen (NROs).

In einer zusammenfassenden Auswertung der Umfrageergebnisse der besagten Studie aus den Jahren 1992 bis 1997 kommt Srećko Mihailović zu folgenden Schlüssen (vgl. MIHAILOVIĆ, 1997: S.18ff.):

1. Ein immer größer werdender Teil der Befragten sieht ein demokratisches System als einziges legitimiertes System an. Nur rund ein Fünftel der Befragten bewertet das politische System der BRJ als demokratisch. Etwa ein Viertel bemerkt, daß das politische System der BRJ auf dem „halben Weg" zu einer Demokratie ist.

2. Ein zunehmender Teil der Bevölkerung ist mit dem gegenwärtig existierenden politischen System unzufrieden. Im Vergleich mit dem damaligen System der SFRJ, dem gegenwärtigen System und einem unbekannten zukünftigen System schenkten ein Großteil der Befragten eher dem damaligen System der SFRJ ihr Vertrauen. Auch die damaligen Lebensumstände (auch hinsichtlich der Einhaltung von Bürgerrechten) wurden als deutlich besser eingeschätzt.

Srećko Mihailović, Leiter des Zentrum für Meinungsforschung in Beograd, entzieht dem bestehenden System die Legitimität, da

[19] Das „Institut der Staatswissenschaft" ist ein unabhängiges staatliches Forschungsinstitut, in das schon während der SFRJ regimekritische, oppositionelle Wissenschaftler „abgeschoben" wurden.

„das politische System des dritten Jugoslawiens keine Unterstützung bei der Mehrheit der Bevölkerung findet." (MIHAILOVIĆ, 1997: S.278).

5.5.1. Aspekte der Systembindung vom Wahlvolk

Obwohl die Wähler durchaus um die Defizite ihres Systems wissen, muß man bei Wahlen erstaunlicherweise feststellen, daß die Mehrheit der Bevölkerung das bestehende System dennoch stützt und trägt. Dies erklärt Mihailović anhand von sechs Aspekten der Systembindung der breiten Wählerschaft (vgl. MIHAILOVIĆ, 1997: 34ff.):

1. **„Die existentielle Bindung zum System"** (egzistencijalno vezivanje za tip sistema). Mihailović stellt fest, daß gerade für Sympathisanten und Wähler aus sozialmarginalisierten Milieus die soziale Absicherung und Abfederung durch das System eine existentielle Bedeutung hat. Da die regierenden sozialistischen Parteien für die Kontinuität eben eines solchen Systems einstehen, sei dies ein systemstabilisierender Aspekt von zentraler Bedeutung.

2. **„Die ideologische Bindung zum System"** (Ideološko vezivanje za tip sistema). Mihailović geht davon aus, daß es bei einem breiten Teil der Bevölkerung eine starke Bindung an Ideen und Werten des Sozialismus gibt. Als Gegensatz zu dieser starken Bindung sieht Mihailović eine ebenso präsente Bindung an die parlamentarische Demokratie.

3. **„Nationale gegen bürgerliche Bindung zum System"** (Nacionalno versus građansko vezivanje za tip sistema). Mihailović setzt eine „diffuse Bindung zu Vaterland, Nation, Territorium, Grenze" (»difuzna vezanost za otadžbinu, naciju, teritori-

ju, granice« ebenda, S.35) voraus. Die regierenden Sozialisten, so Mihailović, werden als »Schutz« dieser emotionsgeladenen Bindung betrachtet.

4. **„Bindung zur Führerschaft gegen demokratische Institutionen“** (Vezanost za lidera naspram vezanosti za demokratske institucije). Die Wähler fühlen sich stark an unterschiedliche Führerfiguren gebunden. Ideologische Orientierungen und Prinzipien (bez obzira na njegove ideološke i vrednosne orijentacije) dieser Personen rücken jedoch in den Hintergrund.

5. **„Jede Regierung ist gottgegeben** - gegen das Konzept einer gewählten Regierung“ (»Svaka vlast je od Boga« naspram shvatanja vlasti kao izborne).

6. **„Fatalistische Einstellungen zu jedem Wandel“** (Fatalistički odnos prema svakoj promeni). Mihailović konstatiert, daß auf einem hohen überdurchschnittlichen Niveau ein politischer Fatalismus existiert, der sich gegen jeden Wandel richtet. Das Motto „Do it the father's way“ steht für die „Verteidigung des Existierenden“.

5.5.2. Das Vertrauen in das System als Legitimitätsfaktor

Zoran Slavujević vom CPIJM legt in der o.g. Studie über die Zusammenhänge zwischen Öffentlicher Meinung und der Legitimation des Systems einen anderen Schwerpunkt. Für ihn stellt das Vertrauen der Bevölkerung in die Institutionen des Systems einen wichtigen Indikator für die Legitimation eines Systemes dar. Denn, so führt er aus,

„das Vertrauen drückt die Möglichkeit der Repräsentation und die Bereitschaft der Bürger am politischen Leben der Gemeinschaft teilzuhaben aus." (SLAVUJEVIĆ, 1997: S.281).

Die vorliegende grafische Darstellung zeigt die „Vertrauensanteile" der Bürger aus Serbien und Montenegro gegenüber den politischen und gesellschaftlichen Institutionen des gegenwärtigen Systems.

Abb.2: Vertrauen der Bürger gegenüber Institutionen

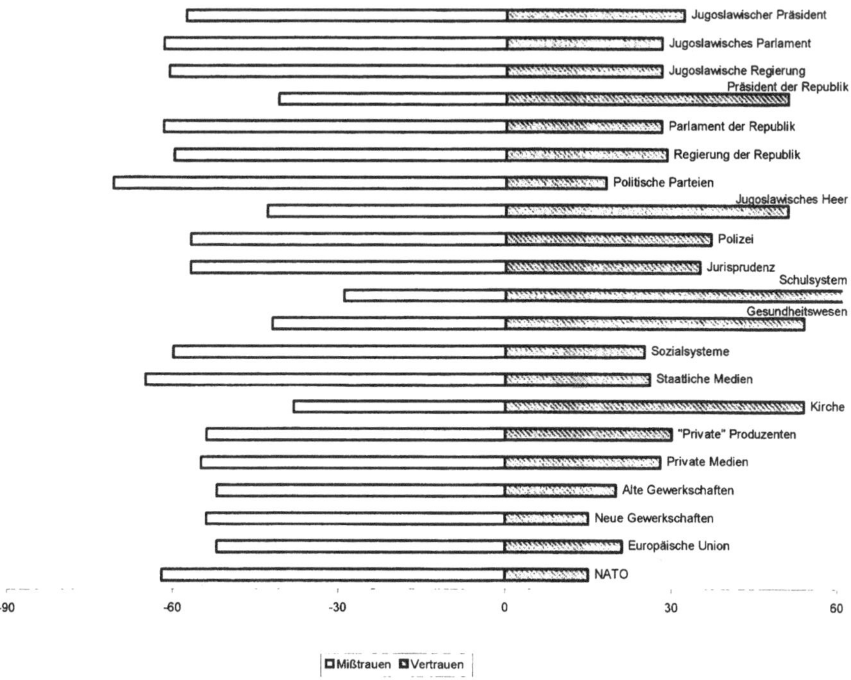

(vgl. hierzu SLAVUJEVIĆ, 1997: S.67f.)

Schließlich kommt Slavujević zu der Feststellung - daß obwohl eine starke Systembindung existiert - das Mißtrauen der Bürger in die Institutionen des Systems so weitläufig ist, daß dies eine „Krise der Legitimität des Systems“ bedeute (ebenda, S. 281). Insbesondere sei das Regime in Serbien von einem „offenen Mißtrauen“ betroffen. Im Gegensatz hierzu sei in Montenegro das Vertrauen gegenüber den Systeminstitutionen (z.B. in den Präsidenten der Republik) größer.

Das „Gleichheitssyndrom“ der jugoslawischen Bevölkerung

Vladimir Goati betrachtete die vorliegenden Studien aus einem anderen Blickwinkel. Er untersuchte die Gründe für die Wahlerfolge der sozialistischen Parteien in Serbien und Montenegro und merkt an, daß drei Aspekte den regierenden Parteien zu gute kämen:

1. Eine starke Bindung der Bevölkerung zu den Prinzipien der sozialen Gleichheit.

2. Die Dominanz dieser Parteien in den (elektronischen) Medien.

3. Die „Besetzung“ der Themen der Staatsbildung und der nationalen Identität (vgl. hierzu GOATI, 1998: S.16f.).

Laslo Sekelj fügt einen für ihn weiteren relevanten Aspekt hinzu: Eine „fehlende alternative Politik zu Milošević“ (s.u., vgl. hierzu SEKELJ, 1997: S.6ff.). Dabei resümiert er, daß ein wichtiger systemstabilisierender Aspekt die geschwächte Lage der demokratischen Opposition sei.

6. DIE ENTWICKLUNG DER JUGOSLAWISCHEN MEDIENLANDSCHAFT

Die Medienlandschaft in Serbien und Montenegro ist sehr breit gefächert. Neben den staatlichen Rundfunkstationen gibt es eine große Bandbreite von privaten Fernseh- und Rundfunkprogrammen. Auch im Bereich der Printmedien zeichnet sich die jugoslawische Medienlandschaft durch eine hohes Maß an Differenziertheit aus.

Neben den gewöhnlichen Boulevard-Blättern (wie Novosti oder Blic) finden sich Tageszeitungen und Zeitschriften mit einem qualitativ sehr wertvollem Journalismus (wie z.B. Politika, Nin aber auch Naša Borba, Vreme oder Monitor). Es erscheinen rund 570 in serbischer bzw. serbokroatischer Sprache gedruckten Tageszeitungen. Darüber hinaus werden in der BRJ etwa 50 Tageszeitungen in anderen Sprachen, darunter vier Tageszeitungen in albanischer Sprache, 11 in ungarischer Sprache, 9 in slovakischer Sprache und zwei in englischer Sprache (vgl. hierzu SGJ, 1997: S.388ff.) publiziert.

In der politischen und wissenschafltichen Wahrnehmung außerhalb der BRJ wird der jugoslawischen Medienlandschaft oftmals jegliches Potential für einen demokratischen Wandel abgesprochen. Die Medienlandschaft wird häufig als „plumpes Mittel totalitärer Herrschaft“ (RELJIĆ, 1994) oder als „ideological tools“ (MATIĆ) angesehen. Ein solcher Umgang würde jedoch der gegenwärtigen Komplexität der Medienlandschaft kaum Rechnung tragen und darüber hinaus eine Vielzahl von Ansätzen von alternativen Medien verleugnen.

Die Medien, insbesondere die Massenmedien, gelten in der politischen Analyse als wesentliche Einflußgrößen der individuellen und kollektiven Meinungsbildung. Als solche muß auch die jugoslawische Medienlandschaft betrachtet werden. Jedoch gibt es eine Reihe von Merkmalen der Medienlandschaft in der BRJ, die an Bedeutung gewinnen, wenn man mögliche Potentiale für einen demokratischen Wandel untersucht.

Parallelität von Obrigkeitsstaat und autonomer Bewegung

Ein wesentliches Merkmal der Medienlandschaft ist das gleichzeitige Vorhandensein von staatstragenden und unabhängigen Medien. Der Politikwissenschaftler Reljić nennt dies „Parallelität von Obrigkeitsstaat und autonomer Bewegung“. Er zeigt zwei Entwicklungstendenzen von Medien auf. Zum einen gibt es einen überwiegenden Teil der Medien, die die „nationalchauvinistische“ regierungsamtliche Linie der Berichterstattung einschlagen, um Konsumenten und Werbeaufträge zu ergattern. Daneben gibt es einen kleineren Teilbereich der Medien, der eine Nähe zur demokratischen Bewegung hat. Darüber hinaus schlägt dieser Teilbereich eine ausgewogenere Linie der Berichterstattung ein und verbindet letztlich auch politische Ziele in Richtung eines Pluralismus mit seiner Tätigkeit. Im letzteren Fall kann auch von einer „dual politics“ gesprochen werden. Dies nimmt Bezug auf theoretische Überlegungen zur Rolle der Medien in der Zivilgesellschaft. So gibt es den Erklärungsansatz von Habermas, Cohen und Arato, die in einem Teil der Medien eine Doppelstrategie erkennen können. Mit dem Wirken dieser demokratischen Medien ist auch das Ziel eines gesellschaftlichen Wandel verbunden.

Dominanz der staatstreuen Medien

Obwohl es in den Medien beide unterschiedliche Arten der Berichterstattung gibt, dominieren die staatlichen Rundfunk- und Fernsehprogramme deutlich bei der Meinungsbildung in der Bevölkerung.

Jovanka Matić, Politikwissenschaftlerin vom Institut für Politikwissenschaft an der Universität Beograd, weiß, daß rund 80 Prozent der serbischen Bevölkerung das staatliche Fernsehprogramm Radio-Televisija-Srbija (RTS) schauen. Sie stellt fest:

> „During 1993, the circulation of the six political dailies in Serbia amounted to about 500,000 copies, while news programs on the central TV network alone were watched by about 3,5 million people daily.“ (MATIĆ, 1998: S.109).

Eine solche „Wirkungslosigkeit“ der alternativen Medien gegenüber den staatlichen elektronischen Medien begründet Matić mit fehlenden Finanzmittel, die den unabhängigen Sendern und Verlagen das wirtschaftliche Überleben erschweren. Reljić präzisiert die Auswirkungen einer „Unterkapitalisierung“. Er nennt vier Aspekte, die sich nachteilig für alternative Print- aber auch elektronischen Medien auswirken:

- Die **Kaufpreise** der gedruckten alternativen Medien liegen in der Regel über den Kaufpreisen der staatlichen resp. staatstreuen Medien. Da jedoch nur ein kleiner Teil der Bevölkerung die tägliche Lektüre dieser Tageszeitungen und Zeitschriften finanziell verkraften kann, würde das Zeitungslesen nunmehr zum Privileg.

- Die **Reichweiten** der alternativen, elektronischen Medien (Rundfunk und Fernsehen) sind sehr gering. Die alternativen Sender sind hauptsächlich in urbanen Ballungszentren und ihren Vororten zu empfangen, die staatlichen Sendungen hingegen sind im ganzen Land zu empfangen. Der Sektor der Printmedien steht hingegen vor dem Problem, daß die Distributionswege der alternativen Zeitschriften und Zeitungen in den Vororten der Ballungszentren enden.

- Die **Unterkapitalisierung** der privaten, alternativen Sender und Verlage führt zu qualitativ minderwertigen Programmangeboten. Hiermit verbindet Reljić **Attraktivitäteinbußen**.

- Ein **niedriges Bildungsniveau** gerade im ländlichen Raum hinterfrage die Wirkungsfähigkeit der alternativen Angebote.

Das Beispiel Naša Borba

Das Beispiel der Tageszeitung Naša Borba („unser Kampf") kann das Zusammenspiel diese Aspekte verdeutlichen. Diese Zeitung gründete sich als Abspaltung von der etablierten Tageszeitung Borba („Kampf"), als die regierenden Sozialisten die Entscheidungsfreiheiten der Redaktion der Tageszeitung beschnitten. Ein Großteil der damaligen (zum Teil auch systemkritischen) Journalisten gründeten diese neue unabhängige und regimekritische Tageszeitung. Der Verkaufspreis von rund einer Mark liegt jedoch, in Relation zu den anderen Tageszeitungen, verhältnismäßig hoch, und ist somit nur für einen sehr geringen Teil der Bevölkerung erschwinglich.

Der Verkaufspreis und die geringe Leserschaft konnte die seriöse Tageszeitungen mit dem hohen journalistischen Anspruch nicht am Leben halten. Selbst die Honorare und Löhne der (freiwilligen) Mitarbeiter waren sehr gering. Über die Grenzen der Großstädte Beograd und Novi Sad hinaus war die Zeitung nicht regelmäßig zu beziehen. Nach großen finanziellen Problem mußte der Betrieb im Sommer 1998 eingestellt werden. Nach einem nochmaligen Versuch des Erscheinens wurde jedoch im Oktober 1998 die weitere Arbeit der systemkritischen Redaktion per Erlaß durch den damaligen serbischen Informationsminister untersagt. Ein Merkmal dieser Tageszeitung war zweifache Unabhängigkeit: Die Unabhängigkeit gegenüber dem Regime und die Unabhängigkeit gegenüber der demokratischen Opposition.

Die zweifache Unabhängigkeit der alternativen Medien

Gerade auch das Wahren einer Distanz zu den oppositionellen Kräften sei ein Merkmal des professionellen Journalismus der alternativen Medien, so konstatiert Saša Mirković, Leiter der unabhängigen Nachrichtenagentur Beta (vgl. hierzu ROG-Rundbrief Dezember 1996). Jovanka Matić hingegen erklärt, daß diese Unabhängigkeit nicht selbstverständlich für die demokratischen Medien sei. Gerade wenn die Berichterstattung über die oppositionellen Parteien oder Organisationen betrachtet wird, fällt auf, daß das politisch oppositionelle Spektrum in den staatstreuen Medien oftmals als Sammelsurium von „Verrätern“ dargestellt wird. In den alternativen Medien werden die oppositionellen Parteien in der Regel jedoch als „Wahrer demokratischer Werte“ dargestellt, so Matić (vgl. MATIĆ, 1988: S.122f.). Beiden Mustern steht Matić skeptisch gegenüber. So schreibt sie:

> „Each of these patterns served to delegitimize it in the audience's consciousness.“ (ebenda, S.122)

6.1. Die Medien als Mittel zur Sicherung des Regime

Für Reljić liegt es auf der Hand, daß die staatstreuen Medien dem Regime die Macht durch ihre „abhängige" Berichterstattung sichern. So macht er die Rechnung auf, daß ein „staatliches Fernsehmonopol plus dürftige Bildung der Bevölkerung" eine „populistische, autoritäre und nationalistische Herrschaft" ergäbe.

Der Journalist Dietrich Schlegel präzisierte in einer Sendung der Deutschen Welle am 16.Mai 1998 die Funktionen der jugoslawischen Hof-Berichterstattung:

> „Es ist das alte Rezept totalitärer und autoritärer Regime. Sie versuchen, ihre Bürger [...] lediglich mit regulierten und zensierten Informationen zu versorgen und an einer eigenen Urteilsbildung zu hindern." (vgl. ROG, Rundbrief 23/1998).

Andere Medien, so weiß Schlegel, werden schikaniert, die Arbeit der Redaktionen wird verhindert oder verboten, und die Medienfreiheit „stranguliert" (SCHLEGEL).

Tabelle 11: Vertrauen gegenüber Medien

	Gegenüber *staatlichen* Medien		gegenüber *privaten* Medien	
	Gesamt 95	*Gesamt 96*	***Gesamt 95***	*Gesamt 96*
Großes Vertrauen	7 %	6 %	5 %	3 %
Mittleres Vertrauen	39 %	29 %	31 %	26 %
Kleines Vertrauen	24 %	27 %	28 %	33 %
Gar kein Vertrauen	32 %	37 %	17 %	21 %
Unentschlossen	8 %	8 %	19 %	16 %

(Baćević, 1997: S.127)

Die Politikwissenschaftlerin Ljiljana Baćević widmete sich im Rahmen der bereits erwähnten Studie über die öffentliche Meinung und der Legitimität des politischen Regimes dem Vertrauen der Bevölkerung gegenüber den privaten und staatlichen Medien. Sie kommt zu dem Ergebnis, daß ein Großteil der jugoslawischen Bevölkerung den staatlichen und privaten Medien mit großer Skepsis gegenübersteht.

Weiterhin gelangt sie zu der Aussage, daß Sympathisanten des Regimes den staatlichen Medien deutlich mehr Vertrauen schenken als Unterstützer der demokratischen Bewegung. Jedoch stehen die Sympathisanten der demokratischen Parteien den privaten Medien ebenso mit Skepsis entgegen.

Leider setzt sich diese Untersuchung nicht mit den unterschiedlichen privaten Medien auseinander. Denn ein Großteil der privaten Medien gehör zu dem ersten Entwicklungsmodell von Reljić, nämlich der nationalist-chauvinistischen Tendenz. Alternative demokratische Medien spielen (anteilig) eine eher marginale Bedeutung, dies verzehrt die Aussagekraft der Untersuchung.

Die politische „Gleichschaltung" der Medien 1998/99

Die gegenwärtige Entwicklung der Medienlandschaft zeigt deutliche Eingriffsversuche des Regimes auf die Berichterstattung in den Medien. Mit Hilfe eines Erlasses des serbischen Informationsministers und einem novellierten Informationsgesetz Serbiens wurden in den Monaten Oktober bis Dezember 1998 nahezu alle größeren alternativen und unabhängigen (Print)-Medien verboten, bzw. die weitere redaktionelle Arbeit unter Strafe gestellt.

Mit fadenscheinigen Argumenten wurden das Wirken der Zeitungen Danas („Heute"), Naša Borba (»unser Kampf«), Dnevni Telegraf (»täglicher Telegraf«), Demokratija, Blic (»Blitz«), Glas Javostni (»Stimme der Öffentlichkeit«) in Serbien verboten und die Herausgeber wurden mit sehr hohen Strafen gerichtlich in die Knie gezwungen.

Die Zeitungen Danas und Dnevni Telegraf haben ihre Arbeit kurz nach dem Verbot in Serbien wieder aufgenommen. Allerdings verlegten diese Tageszeitungen ihren Hauptsitz aus Beograd (Serbien) nach Podgorica (Montenegro). Da das Presserecht auf Republiksebene geregelt wird, und es in Montenegro bislang keine Einschränkungen für das Pressewesen existierten, konnten die Redaktionen von Podgorica aus weiterarbeiten.

Politische Zeitschriften, wie z.B. Evropljanin wurden zeitweise im Ausland gedruckt und dann in die BRJ importiert, um den Arbeits- und Druckbeschränkungen in Serbien aus dem Weg zu gehen.

Da in dem selben Erlaß auch das Verarbeiten und das (auszugsweise) Verbreiten von „propagandistischen" Sendungen von ausländischen Sendern (z.B. Deutsche Welle, BBC oder RFE/RL) unter Strafe gestellt wurde, konnte einer ganzen Reihe von Radiosendern die Lizenz entzogen werden, so z.B. dem belgrader Radio Indeks oder dem Rundfunksender B92. Letzterer stellte seine journalistische Arbeit nicht ein, sondern nahm den Sendebetrieb in Beograd wieder auf und sendete über das globale Datennetz Nachrichten.

Auch ausländische Journalisten waren von Schikanen und Einschränkungen durch staatliche Organe betroffen. Im September 1998 wurde der damalige Korrespondent der Tageszeitung (TAZ),

Erich Rathfelder, aus der BRJ ausgewiesen, da er über kein gültiges Visum für journalistische Tätigkeiten in der BRJ verfügte und aus Sicht der jugoslawischen Behörden die Unwahrheit berichten würde[20]. Auch der ARD-Korrespondent Friedhelm Brebeck wurde mit seinem Kamera-Team des Landes verwiesen – ihm wurde zur Last gelegt, ein albanisches Dorf im Kosovo angezündet zu haben, um brennende Häuser aufnehmen zu können. Brebeck dementierte diese Anschuldigungen.

6.2. Das Ideenkonstrukt: „Medien und ethnische Säuberung"?

In einem Aufsatz aus dem Jahre 1995 setzt sich der Albanien-Experte Robert Elsie mit den albanischsprachigen Medien in der Region Kosovo auseinander. Er kommt letztlich zu dem Schluß, daß der Medienlandschaft Serbiens eine große Bedeutung bei ethnischen Säuberungen beigemessen werden muß. So seien Medien Instrumente, die dazu verwandt würden, die gegenwärtigen gesellschaftlichen Mechanismen zu zementieren. Elsie geht davon aus, daß es keine albanischen Medien im Kosovo gibt. Die albanischsprachigen Sendungen im Rundfunk und Fernsehen, seien von RTS und würden von der Mehrheit der albanischen Bevölkerung im Kosovo als klare serbische Propaganda (ELSIE, 1995: S. 615) angesehen.

Er konstruiert eine Argumentationskette, die die Berichterstattung der Medien im Kosovo in den Kontext der „ethnischen Säuberun-

[20] Rathfelder berichtete von einem Massengrab auf einer Mülldeponie im Kosovo mit albanischstämmigen Zivilisten. Eine spezielle Gruppe von Vertretern des Europarates sollte dieses Massengrab untersuchen. Doch gab es nach Angaben des Europarates dieses Grab nicht.

gen“ rückt. Er liefert in diesem Aufsatz neue diskussionswürdige Ansätze. Zwei Falschaussagen rücken jedoch seinen ganzen Aufsatz in den Bereich der Legendenbildung oder Propaganda. So schreibt er von einem Verbot der albanischstämmigen Bevölkerung die Sendungen des albanischen Rundfunks zu empfangen. Elsie scheint der einzige Balkanexperte zu sein, dem dieser Umstand bekannt ist. Ebenso schreibt er:

> „Since the fall of the Berlin Wall and of Eastern European communism, Kosovo Albanians thus remain the only citizens of Europe requiring authorization to travel abroad.“ (ELSIE, 1995: S.619).

Auch dies entspricht nicht der juristischen und faktischen Lage. Richtig ist, daß alle jugoslawische Staatsbürger, die in der BRJ wohnhaftig sind, ein Ausreisevisum[21] benötigen.

So ist jedoch letztere Legende symptomatisch für den Aufsatz von Robert Elsie. Er betrachtet die Medienlandschaft im Kosovo, läßt allerdings außer Acht, daß die Lage der alternativen Medien in der ganzen BRJ zu wünschen übrig läßt. Erst durch das bewußte Ausblenden des gesamtjugoslawischen Blickes rückt Elsie die Medienlandschaft im Kosovo in den Zusammenhang der „ethnischen Säuberungen“. Ein evidenter Zusammenhang von Medien und ethnischen Säuberungen ist im wissenschaftlichen Diskurs nicht haltbar.

---

[21] Dieses Visum wird jedem ausgestellt, der in der Lage ist, rund 30,-- YUM Verwaltungsgebühr zu zahlen und nicht polizeilich gesucht wird.

7. PERSPEKTIVEN EINER ZIVILGESELLSCHAFTLICHEN DEMOKRATISIERUNG

Die vorangehenden Kapitel zeigen deutlich, daß die gegenwärtige Lage in der serbischen Unruheprovinz Kosovo keine für jugoslawische Verhältnisse ungewöhnliche Situation ist. Die oftmals in diesem Zusammenhang benutzte Terminologie des „Apartheid-Staates" wird jedoch der tatsächlichen politischen und sozialen Situation in der BRJ nicht gerecht. Vielmehr ist die Situation im Kosovo ein Ausdruck einer Lähmung der emanzipativen, egalitären und demokratischen Kräfte.

Diese auswegslose Situation der politischen Reformkräfte ist in Zusammenhang mit einer Renaissance chauvinistischer und nationalistischer Gedankenkonstrukte zu sehen, die eine Auswirkung der politischen und wirtschaftlichen Isolation im Rahmen der internationalen Sanktionen und der NATO-Intervention ist.

So führten diese internationalen Sanktionen von 1992 bis 1996 zu einem gänzlichen Zerfall der bürgerlichen Gesellschaft durch eine breite Verarmung. Die Gesellschaft wurde von einer sozialen Dynamik ergriffen, die zentrifugale Kräfte stärkte. Die NATO-Intervention verschärfte diese Entwicklung noch weiter.

In einem solchen Kontext ist auch die Situation zivilgesellschaftlicher Organisationen in der BR Jugoslawien zu betrachten. Denn durch die sozialen Veränderungen und durch die mangelnden gesellschaftlichen Absicherungsmechanismen (wie z.B. Sozialsysteme, Lohntransferzahlungen etc.) gewannen familiäre Strukturen zunehmend an Bedeutung. Dies bedeutet gleichzeitig eine Bedeutungsverlust der zivilgesellschaftlichen Organisationen und Verbände.

Widmet man sich nun möglichen Realisierungsspielräumen einer (zivil)gesellschaftlichen Demokratisierung, so muß zunächst festgehalten werden, daß ein solcher Prozeß sich nicht nur auf zivilgesellschaftliche Organisationen beschränken kann. Vielmehr stehen zivilgesellschaftliche Normen und Prinzipien im Zentrum eines bestimmbaren Demokratieverständnisses. Die Begriffe „Pluralismus" und „Partizipation" nehmen eine zentrale Bedeutung ein, die jedoch nicht als Gegenpart zur parlamentarischen Demokratie zu bewerten sind. Die Eigeninitiative, das Engagement an gesellschaftlichen Prozessen und das Engagement für kollektive Interessen in Bündnissen und Organisationen ist für eine solche Auffassung von Demokratie von sehr hoher Relevanz.

Für die gegenwärtige politische Lage in der BRJ muß präzisiert werden: Eine zivilgesellschaftliche Zielvorstellung für den politischen Raum erfordert politischen (wenn auch parlamentarischen) Pluralismus und die rege Teilnahme an gesellschaftlichen Diskursen (zivilgesellschaftliche Partizipation).

Es gibt folgende zivilgesellschaftliche Zielvorstellungen für den politischen Raum: Den politischen, wenn auch parlamentarische Pluralismus, die rege Teilnahme am gesellschaftlichen Diskurs (zivilgesellschaftliche Partizipation) sowie künftig ein gemeinsames, friedliches Zusammenleben der unterschiedlichen Bevölkerungsgruppen.

Um einem „Ziel" des pluralistischen Teilhabe-System entgegenzukommen, müssen wirtschaftliche, soziale und politische Anforderungen erfüllt werden, die im folgenden präzisiert werden. Aus diesen Anforderungen ergeben sich programmatische und strategische Handlungsanforderungen für die Arbeit der parlamentarischen und außerparlamentarischen demokratischen Kräfte.

7.1. Anforderungen einer Demokratisierung an das politische und wirtschaftliche System

7.1.1. Anforderungen an das politische System

Für eine Veränderung des politischen Systems Jugoslawiens im Sinne einer Demokratie gelten zunächst drei Grundvoraussetzungen:

a.) **Stärkung der legislativen Strukturen:** Die demokratischen Institutionen des jugoslawischen Staates müssen ihr politisches Schattendasein überwinden und ihre demokratischen Funktionen wahrnehmen, dies schließt eine Neubewertung der Position des Präsidenten, der Regierungen und des Parlamentarismus ein. Die politische Rahmenkompetenz muß bei der vom Parlament beauftragten Regierung liegen und der Präsident sollte nur repräsentative Funktionen wahrnehmen. Das Parlament muß wichtigster Entscheidungsträger für die politische Meinungsfindung sein.

b.) **Umbewertung der politischen Strukturen:** Eine Umbewertung der politischen Strukturen zugunsten einer politischen Gleichbewertung und –behandlung der (beiden) Republiken und der bundespolitischen Institutionen. Letzteres setzt jedoch eine Verschiebung von Entscheidungsbefugnissen und –gewalten voraus. Ein solche Kompetenzverschiebung geht zu Lasten der Handlungskompetenzen der einzelnen Republiken. Es muß abgewogen werden, inwieweit ein Bundesstaat ohne republikübergreifende Kompetenzen überhaupt als solcher zu bezeichnen ist.

Folgende Beispiele sollen dies verdeutlichen: Die Regierung Montenegros läßt Wehrpflichtige und Rekruten des jugoslawischen Heeres nicht mehr außerhalb Montenegros dienen. Im Kabinett Đukanović existiert ein Minister für auswärtige Angelegenheiten und darüberhinaus droht der montenegrinische Präsident mit der Schaffung einer eigenen montenegrinischen Notenbank. So ist - unter Berücksichtigung des Willens der montenegrinischen Regierung die politische Position Montenegros innerhalb der Bundespolitik zu stärken – eine solche Entwicklung eher mit Skepsis zu bewerten. Dies stärkt keinesfalls die Position Montenegros innerhalb Jugoslawiens, sondern stärkt vielmehr seperatistische Bewegungen in Montenegro und in der montenegrinisch-serbischen Region Sandžak und der serbischen Provinz Kosovo-Metohija. Dies ist aus der Sicht Đukanovićs legitim, doch stellt sich die Frage, inwieweit sein Regime in Montenegro die faktische Auflösung des Bundesstaates überhaupt verficht.

Obwohl die montenegrinische Regierung ein weitaus höheres Ansehen als die jugoslawische und serbische Regierung genießt und international als demokratischer Hoffnungsträger darsteht, werden die montenegrinischen Bestrebungen einer Eigenstaatlichkeit von dem *gros* der internationalen Gemeinschaften nicht unterstützt.

Mit der Wahl Miloševićs im Sommer 1997 zum jugoslawischen Präsidenten fand eine Neubewertung der politischen Strukturen statt. Seine politischen Konzepte und insbesondere seine Konfliktlösungsmechanismen außer Acht gelassen, scheint es, als forciere Milošević die Stärkung der bundesstaatlichen Strukturen - lediglich zum bloßen Erhalt seiner Macht. Diese Stärkung ist allerdings für die Regierung Montenegros von großer Bedeutung und öffnet bisher ungenutzte Möglichkeiten der politischen Einflußnahme. Denn durch eine Stärkung der bundespolitischen Strukturen gewinnt auch die zweite Republik an Relevanz für den Prozeß der Entscheidungsfindung.

c.) **Integration systemferner Bevölkerungsgruppen:** Die Zusammensetzung der Bevölkerung Jugoslawiens bietet unterschiedliche politische Chancen, doch ist bislang der größte Teil der Bevölkerungsminderheiten politisch an den Rand gedrängt worden. Soll ein Demokratisierung (auch) des politischen Systems stattfinden, muß eine breite Integration systemferner Bevölkerungsgruppen (z.B. Roma, albanischstämmige Bevölkerungsgruppen) stattfinden. Neben der Beteiligung von Bevölkerungsminderheiten an der Administration und in Staatsorganen ist eine Bereitschaft zur Mitarbeit im System erforderlich.

Mit dem Systemboykott einer Bevölkerungsgruppe kann ein System nicht gänzlich in Frage gestellt werden, vielmehr verschlechtern sich zunehmend die Möglichkeiten zur Teilhabe an gesellschaftlichen und politischen Prozessen. So finden sich die Auswirkungen eines breiten Systemboykotts der albanischstämmigen Bevölkerung in der serbischen Provinz Kosovo auch in der Besetzung der politischen Funktionsstellen in Staat und Verwaltung wieder.

7.1.2. Erfordernisse einer Demokratisierung an das wirtschaftliche und soziale System

Die Zusammenhänge zwischen der Frage nach einer Demokratisierung einer Gesellschaft und der Lösung der prekären sozialen und wirtschaftlichen Lage liegen auf der Hand. Die Sicherstellung der Reproduktion stellt eine Grundvoraussetzung für die Veränderung der politischen und gesellschaftlichen Formationen dar – auch in der BRJ.

Die wirtschaftliche Entwicklung in der BR Jugoslawien während der Jahre der Sanktionen führte zu einer sozialen Polarisierung der gesellschaftlichen Akteure, die auch gegenwärtig von Bedeutung ist. Eine gesellschaftliche Mittelschicht (die einst die Träger bürgerlicher und demokratischer Bewegung war) ist nicht mehr existent, denn die Positionierungen im sozialen Gefüge wurden von einer Dynamik des sozialen Abstiegs ergriffen. Für große Teile der Bevölkerung wurde die Schattenwirtschaft von zunehmend großer Bedeutung, um ein Überleben zu sichern.

Um die sozialen und wirtschaftlichen Grundlagen für eine gesellschaftliche Demokratisierung im Sinne einer breiten Teilhabe an gesellschaftlichen Prozessen der Meinungsbildung und –findung zu schaffen, stehen folgende Erfordernisse im Vordergrund:

- Die **Verbesserung der Lohn – Kaufkraft – Relation**. Die Kaufkraft der jugoslawischen Löhne ist gegenwärtig auf einem - mit westeuropäischen Verhältnissen verglichen - niedrigen Stand. Die relativ hohen Preise erlauben nur ein geringes Maß an Teilhabe am Konsumtionsprozeß. Dies bedeutet jedoch auch, daß der Lebensstandard als sehr gering zu betrachten ist.

- Die **Verbesserung der sozialen Lage** und der Systeme der sozialen Sicherung ist eine essentielle Anforderung an eine zukünftige Wirtschafts- und Sozialpolitik. Weite Teile der Bevölkerung sind vom Produktions- und Konsumtionsprozeß ausgeschlossen. Dies ist eine Auswirkung der internationalen Sanktionen und der Kriege nach 1991. Allein 700.000 Flüchtlinge suchten in Folge der kriegerischen Auseinandersetzungen um die Sezession Kroatiens und BiHs in der BRJ nach einer neuen Existenz. Dies führte zu einer hohen Belastung des ohnehin angeschlagenen Sozialsystems. Neben der Existenz expandierender jugoslawischer Unternehmen mit internationaler Ausrichtung droht beispielsweise dem jugoslawischen Gesundheitssystem der Zusammenbruch. Die Krankenhäuser sind schlecht ausgerüstet und ausgestattet, die Patientenzahlen stetig steigend.

- Die **Schaffung und die Wiederbelebung von Märkten** außerhalb des jugoslawischen Staates, so z.B. die Wiederaufnahme der wirtschaftlichen Beziehungen zu den ehemaligen jugoslawischen Republiken Slowenien, Kroatien, Bosnien-Herzegovina und Mazedonien, ist die vorrangige Aufgabe der Außenwirtschaft. Folgt man den Annahmen der Wirtschaftswissenschaftler, so ist gerade die außenwirtschaftliche Isolation und die fehlende wirtschaftliche Kooperation in der Region ein wichtiger Faktor der gegenwärtig angespannten Lage der jugoslawischen Volkswirtschaft.

- Neben einer Stärkung der **außenwirtschaftlichen Beziehungen zu Anrainerstaaten** muß auch eine Stabilisierung der wirtschaftlichen Beziehungen zu den Staaten der EU von großer Bedeutung sein. So bietet die EU einen großen zahlungskräftigen Markt. Bislang ist die EU der Haupthandelspartner der BRJ, jedoch ist der Anteil aufgrund der internationalen Sanktionen rückläufig.

- Die **Reintegration der** sozialen und ethnischen **Minderheiten** an der wirtschaftlichen Wertschöpfung und Konsumtion ist eine ebenso wichtige Anforderung. Ausgenommen von den sozialen und wirtschaftlichen Prozessen sind Randgruppen, wie z.B. Roma, Albaner oder auch körper- oder geistigbehinderte Menschen. So werden beispielsweise große Teile der Roma-

Bevölkerung in den Sumpf der Schattenwirtschaft getrieben (z.B. Schwarzhandel mit Benzin und Diesel)[22].

- Die bisherigen **Privatisierungen** der jugoslawischen Großbetriebe führten zu einer Monopolisierung des Kapitals in wenigen Händen. Eine Anforderung zukünftiger Politik kann nur eine Privatisierung sein, die einer Monopolisierung entgegenwirkt und zu einer Demokratisierung des wirtschaftlichen Systems beiträgt.

Die Forderung der unabhängigen Ökonomen-Gruppe „G-17“ gehen in eine ähnliche Richtung, sie sind sogar präziser gefasst. Jedoch verstecken sich unter dem Deckmantel einer ideologiefernen Technokratie eher (neo)liberale Gedankenkonstrukte, deren Wirksamkeit im Sinne einer sozialstaatlichen Funktionsweise als fragwürdig anzusehen ist. Gerade eine geforderte Orientierung der staatlichen Sozialpolitik an die Erfordernisse und Prinzipien des kapitalistischen Marktes legt dies offen.

In der gegenwärtigen wirtschaftlichen und sozialen Situation kann nur eine „Nachfrage“-Politik greifen und somit auch deutlich die Lebensumstände der breiten Bevölkerung verbessern. Ein Ansatz einer Angebotspolitik erübrigt sich jedoch auf Grund der schlechten sozialen Lage der Bevölkerung und der fehlenden Investitionen durch ausländisches Kapitals.

---

[22] Die von Peter Handke literarisch verwerteten Schwarzmarkt-Tankstellen sind weitestgehend in der Hand der Roma-Bevölkerung.

7.2. Potentielle Handlungsspielräume der politischen Parteien Serbiens

Sucht man Akteure des politischen Systems, die in der Lage sind, die politischen und wirtschaftliche Verhältnisse zu verändern, so kommt man schnell auf die demokratischen Oppositionsparteien.

Der erste Blick fällt auf die ehemaligen Zajedno-Parteien. Die monarchistische Serbische Erneuerungsbewegung von Vuk Drašković ist jedoch mit Vorsicht zu genießen. Die letzten Parlamentswahlen in Serbien und die neuere Geschichte haben gezeigt, wie schnell sich diese „unnachgiebige" Oppositionspartei als stützende Kraft des gegenwärtigen Systems etablieren konnte.

Das Engagement der Parteien DSS, DS und GSS sollte stärker im Zentrum der Betrachtung stehen. Doch stehen diese drei Parteien vor einer ganzen Reihe wichtiger Entscheidungen und Neuorientierungen um letztlich Einfluß auf das politische Leben zu nehmen.

In der öffentlichen Wahrnehmung und im öffentlichen politischen Diskurs sind diese Oppositionsparteien eine Randerscheinung - auch vor dem Wahlboykott im Herbst 1997 verfügten diese Parteien nur über einen geringen Wähleranteil und einen kleineren Sympathisantenkreis. Wenn diese Parteien zukünftig Einfluß ausüben wollen, so müssen sie deutlich attraktiver in Erscheinung treten.

Einheit der republikanischen, demokratischen Kräfte

Ein Aspekt ist hierbei ein möglicher Zusammenschluß dieser politischen Parteien oder zumindest eine stärkere Zusammenarbeit im Rahmen eines politischen Bündnisses. Gemeinsame Integrationsfiguren müssen in den öffentlichen Debatten für diese Parteien stehen, die derzeitigen Parteivorsitzenden eignen sich hierzu nur beschränkt. Kostunica und Pešić finden in der öffentlichen Auseinandersetzung kaum Beachtung. Allenfalls der ehemalige Beograder Bürgermeister Zoran Đinđić verfügt über Sympathiepunkte in der städtischen Bevölkerung.

Von einer Unterstützung von Kandidaten, wie dem ehemaligen jugoslawischen Ministerpräsidenten Milan Panić, sollte abgesehen werden. Dieser verfügt zwar über einen Amtsbonus, hat jedoch durch seine damalige Tätigkeit als Ministerpräsident Jugoslawiens das bestehende System gestützt. Der heutige Direktor des jugoslawischen Pharma-Unternehmens ICN bot sich 1998 den oppositionellen Parteien als Kandidat an. Ebenso kann bezweifelt werden, daß alte Kader, wie auch der ehemalige Präsident der jugoslawischen Notenbank, Avramović, neue (demokratische) Impulse entfalten kann.

Bei Wahlen müssen sich diese Parteien auf *eine* gemeinsame, einheitliche programmatische Basis stellen. Diese programmatische Basis muß klare Vorstellungen für die Lösung der sozialen und wirtschaftlichen Probleme in Jugoslawien beinhalten und wirkliche inhaltliche Alternativen zu den Vorstellungen von SPS und JUL bieten. So muß der nationalistischen Politik Miloševićs eine demokratische, internationalistische Alternative gegenüberstehen, die es schafft, die demographischen Gegebenheiten als Chance für eine Demokratie zu begreifen.

Des weiteren müssen sich diese Parteien die starke Systembindung der jugoslawischen Bevölkerung zu Nutze machen, um die Hegemonie in der politischen Auseinandersetzung um Sozialstaatlichkeit und um die Eigenstaatlichkeit erlangen. Erst durch eine gemeinsame programmatische und von anderen politischen Parteien unterscheidbare Basis kann die demokratische Opposition ihre wichtige Position im politischen System glaubhaft verdeutlichen und zurückerlangen.

Mögliche Integration der Bevölkerungsminderheiten

Eine mögliche Einbeziehung von ethnischen Minderheiten muß ein zweites Merkmal dieser demokratischen Opposition werden. Der Zustand der monoethnischen Ausrichtung muß überwunden werden. Erst durch die gemeinsame Arbeit mit den demokratischen Kräften der albanischen, muslimischen oder ungarischen Bevölkerungsgruppen kann eine breite Basis der Bevölkerung für eine Demokratisierungsprozeß gewonnen werden.

Betrachtet man die Wahlergebnisse aus den letzten Jahren so fällt auf, daß in vielen Wahlbezirken in denen auch die Parteien der ethnischen Minderheiten zur Wahl standen, diese oftmals die stärksten Parteien waren (so z.B. die Union der Vojvodina Ungarn im Bezirk Subotica). Gerade unter Berücksichtigung des Konfliktpunktes um eine politische Integration der albanischstämmigen Bevölkerung, bietet dies große Möglichkeiten für einen politischen Wandel[23].

Dies setzt allerdings voraus, daß die beiden stärksten Oppositionsparteien DS und DSS ihre nationalen Positionen überdenken und sich diesen Minderheiten auch programmatisch öffnen. Ebenso

---

[23] Da sich jedoch die albanische Bevölkerung (aus dem Kosovo) bislang bei Wahlen enthält, werden von rund 150 Sitzen im jugoslawischen Parlament zwanzig Sitze an die SPS, JUL und SRS verschenkt.

müssen diese Parteien für die sozial marginalisierte Bevölkerung wählbar sein. Klare sozialstaatliche Positionen können helfen, den Zulauf dieser Gruppe zu radikalen, nationalistischen Gruppierungen zu stoppen. Die Vorbehalte im Umgang mit der „ungebildeten“, ländlichen Bevölkerung (gerade in den Reihen der GSS) müssen abgelegt werden.

Systemintegration anstatt Systemboykott

Durch den Wahlboykott in Serbien im Jahr 1997 wollten die beteiligten Bojkot-Parteien das politische System in Frage stellen. Diese Rechnung ist jedoch nicht aufgegangen: Der größte Teil der Wählerschaft stützt das System. Dennoch hat dieser Systemboykott gezeigt, daß ein sehr großer Teil der Bevölkerung die demokratische Bewegung unterstützt. Durch eine gemeinsame Kandidatur bei den nächsten Wahlen könnte im Vergleich zu den vergangenen Wahlen ein größerer Teil der Bevölkerung den demokratischen Parteien das Vertrauen aussprechen. Durch den Wahlboykott verloren die boykottierenden Parteien ihren ganzen Einfluß auf das politische Leben und stützten den radikalen Führer Šešelj. Zukünftig muß von einer solchen Strategie des Boykottes Abstand genommen werden. Eine noch weitere Ausgrenzung und einen weiteren Bedeutungsverlust können die demokratischen Parteien nicht mehr hinnehmen. Letztlich könnte dies das Ende der demokratischen Bewegung bedeuten.

7.3. Möglichkeiten der Medienlandschaft für eine gesellschaftliche Demokratisierung

Für eine Demokratisierung der Gesellschaft spielen alternative Medien eine zentrale Rolle. Im wesentlichen kommt diesen unabhängigen Medien die Funktion zu, unabhängig von den politischen Kräften, also unabhängig von der Regierung und den oppositionellen Parteien und Organisationen, über politische Ereignisse zu berichten. Diese wesentlichen politischen Diskussionen, die bislang in Jugoslawien im Straßencafé stattfanden, müssen institutionalisiert werden und auf größerer Ebene geführt werden. Hierzu bieten sich Zeitungen und elektronische Medien an. Auch die Integration sozialer Randgruppen, wie z.B. Flüchtlinge aus BiH oder Kroatien, Roma und Albaner muß fester Bestandteil dieser Berichterstattung sein.

Setzt Reljić das politische System der BR Jugoslawien hinsichtlich der Lage der Medienlandschaft in die Nähe totalitärer Systeme, so kann dies nur bestätigt werden. Im wesentlichen bietet die gegenwärtige Situation der Medien in der BRJ eine große Menge an Spielräumen in Richtung einer unabhängigen und demokratischen Berichterstattung / journalistische Arbeit – jedoch auch Gefahren.

So ist die Reichweite und die Quantität der Empfänger/Leser der alternativen Medien eher gering. Der Beitrag dieser Medien bei der Meinungsfindung der Bevölkerung ist auf die Ballungszentren beschränkt. Dies hat unterschiedliche Gründe.

Der Herrschaft der Staatsmedien im elektronischen Segment wird mittelfristig überwunden werden

Zum einen sind die finanziellen Spielräume der Verlage und Sender aber auch die der potentiellen Käufer sehr eng. Darüber hinaus existieren sehr enge rechtliche Maßgaben, wie z.B. bei der Vergabe von Sendelizenzen (oder neuerdings auch Restriktionen im globalen Datennetz), des weiteren exitieren sehr viele Grenzen im

Zugang resp. in der Aneignung von kulturellem Kapital (z.B. ein Stadt-Land-Gefälle im Bereich der Formalbildung).

Die starke Dominanz der staatlichen Medien im Bereich des Fernsehens ist durch erste private Fernsehprogramme, die auch über größere Reichweiten verfügen, und den Verbesserungen im Empfang ausländischer Programme (z.B. durch sogenannte „Satelliten-Schüsseln") mittel- und langfristig in Frage gestellt. Doch müssen sich in diesem Bereich zunächst Alternativangebote zu dem staatlichen Informationsmonopol etablieren. Die bekannteren privaten TV-Sender, wie z.B. TV Pink oder Braća Karić TV (BKTV) setzen mit ihrem Programm eher auf seichte Unterhaltung.

Im Bereich der Tageszeitungen ist eher anzunehmen, daß sich eine kleine Zahl von überregionalen alternativen Tageszeitungen gegen das *gros* der staatstreuen Tageszeitungen durchsetzen wird. Allerdings bietet das Feld der lokalen Tageszeitungen (also mit einer eher geringen territorialen Verbreitung) auch hier große Chancen für demokratische Initiativen.

7.4. Politische Handlungsräume für zivilgesellschaftliche Organisationen und Verbände

Das gesellschaftspolitische Engagement der Organisationen der zivilen Gesellschaft in unterschiedlichen Feldern des politischen und wirtschaftlichen Lebens der BRJ kann wichtige Beiträge für eine gesellschaftspolitische Demokratisierung leisten. Im wesentlichen werden hier drei mögliche Aspekte von zentraler Relevanz sein:

a.) Ein Nutzen aus der (multiethnischen) Bevölkerungszusammensetzung zu ziehen, um sie als Potential für eine breite gesellschaftliche Partizipation und als Grundlage für einen gemeinsamen jugoslawischen Staat zu benutzen.

b.) Eine Entflechtung der Sphären des Einflusses gesellschaftlicher und wirtschaftlicher Eliten. Hierdurch kann eine Ablösung der Hegemonie dieser Gruppen auf alle Lebensbereiche vollzogen werden. Dies soll Grundlage für eine umfangreiche Veränderung der wirtschaftlichen Strukturen in Richtung Demonopolisierung der Eigentumsverhältnisse der Produktionsmittel sein.

c.) Die Überwindung von Stammes- und Familienbindungen, die zwar als Auffangnetz in der gegenwärtigen Lage soziale Ungleichheiten ausgleichen, allerdings einer „Modernisierung" (im Sinne eines gesellschaftlichen Diskurses über etwaige Zusammenhänge gesellschaftlicher und wirtschaftlicher Art) im Wege stehen.

Dennoch spielen im gegenwärtigen Zustand der zivilgesellschaftlichen Organisationen diese drei Aspekte lediglich eine sehr marginale Rolle. Die Struktur der Mitgliedschaften und Sympathisanten der einzelnen Organisationen deuten nicht auf mögliche multiethnische Konstellationen hin[24]. Die alternativen Organisationen des Parallelstaates im Kosovo sind genauso monoethnisch-zentriert wie Bürgerrechtsinitiativen im (weitestgehend) muslimisch bewohnten Sandžak oder Gruppen serbischer Flüchtlinge aus BiH oder Kroatien.

---

[24] Leider existieren zur Zeit keine wissenschaftlichen Untersuchungen über die Mitgliederstruktur der NROs in der BRJ.

Doch tiefe gesellschaftliche Barrieren können nur überwunden werden, wenn es Organisationen und Gruppen gibt, die über ethnische Grenzen hinweg für gemeinsame Interessen eintreten. So erscheint die Sinnhaftigkeit von einer Vereinigung der muslimischen Gynäkologen Sandžaks als Berufs- und Interessenvertretung einer bestimmten Medizinerschaft in einer bestimmten Region mehr als fragwürdig. Vor allem dann, wenn andere Zusammenschlüsse dieser Branche nicht auf überregionaler Ebene kooperieren.

Die Suche der Bündnispartner im gemeinsamen „Kampf" für die Veränderung der Gesellschaftspolitik hört in der Regel an der Grenze der „Ethnie" auf. Frei von solchen Absurditäten (in einem Staat in dem rund 20 verschiedene Bevölkerungsgruppen leben) scheint lediglich das Rote Kreuz Serbiens oder andere ähnliche Gruppierungen.

Der größte Teil der bestehenden NROs stellt Forderungen zur partiellen Veränderung einzelner Strukturmerkmale des politischen oder wirtschaftlichen Systems auf. Die prinzipielle Infragestellung der bestehenden Machtkonstellationen wird indes nur von einer kleinen Anzahl der NROs forciert. Diese jedoch können in nur sehr geringer Weise Einfluß auf die politischen Entscheidungsträger (auch auf lokaler Ebene) nehmen, da dies strukturell schwache Organisationen sind.

Eine Auswirkung der breiten Verarmung der Bevölkerung ist ohne Zweifel einen Bedeutungsgewinn der Familien- und Stammesstrukturen als Zentrum des gesellschaftlichen Lebens. Dies verhindert jedoch einen gesellschaftlichen Diskurs um Fragestellungen die zunächst nur private Dimensionen entsprechen. Doch gerade Armut und andere sozialen Fragen können gesellschaftliche Bedeutung haben und nicht nur Folgen von persönlichem „Sudbino"

(Schicksal) oder gar Pech sein. Dennoch wird schon vereinzelt von ersten Organisationen der Versuch unternommen, mögliche gesellschaftliche Tabuthemen (z.B. Alkoholismus, Arbeitslosigkeit, Homosexualität etc.) zu thematisieren. Langfristig können vorerst nur mögliche Einflußmöglichkeiten solcher Gruppen auf die Gesellschaft beobachtet werden.

7.5. Interventionspotentiale der europäischen Staaten

Spätestens nach der kriegerischen Auseinandersetzung zwischen der NATO und der BRJ wird die Verantwortung der westeuropäischen Staaten für die künftige demokratische Entwicklung Jugoslawiens deutlich.

Egal ob die damaligen Sanktionen und die militärische Intervention im Frühjahr 1999 als berechtigt oder unberechtigt, als effizient oder ineffizient angesehen werden, so haben sie doch politisch das Regime Milošević gestärkt und eine Rückbesinnung auf das Vaterland, die Nation und einer kulturellen Identität ungewollt befördert.

Der nationale Flügel ist in der politischen Landschaft gegenwärtig sehr ausgeprägt. Auch im oppositionellen Spektrum engagieren sich nationalistische Gruppierungen. Eine weitere politische Isolierung Jugoslawiens, z.B. in der Frage der ökonomischen Stabilisierung der Region (im Rahmen eines multinationalen „Stabilitätspaktes"), könnte eine solche Entwicklung weiter vorantreiben.

Die Gefahr stellt nicht der gegenwärtige jugoslawische Präsident Milošević dar, sondern vielmehr eine politische Variable, wie z.B. sein Widersacher und Mitstreiter Šešelj, der zunehmend wichtiger im politischen Geschehen in Jugoslawien wird.

Solange die demokratische Bewegung noch keine charismatische Integrationsfigur als Alternative zu Milošević anbieten kann, ist die Gefahr Šešelj nicht gebannt.

Ein friedliche und demokratische Lösung der politischen und wirtschaftlichen Probleme ist gegenwärtig mit aber auch ohne Milošević nicht zur erledigen. Dies kann sich erst wandeln, sobald die demokratischen Parteien geschlossen agieren. Unterstützt werden muß dieser Wandel im stärkeren Maße auch vom Ausland, wenn eine Stabilisierung und Demokratisierung dieser Region forciert wird.

Ein Engagement gerade der westeuropäischen Staaten könnte wesentliche Prozesse hinsichtlich einer gesellschaftlichen Demokratisierung in der BRJ vorantreiben. Eine Institutionalisierung von Kontakten zwischen Organisationen und Parteien könnte ein erster Schritt darstellen. Bislang gibt es keine engere Zusammenarbeit der demokratischen Parteien Europas und den jugoslawischen Parteien.

Die wichtige Arbeit der unabhängigen, demokratischen Medienlandschaft muß ideell und finanziell im stärkeren Maße als bisher gefördert werden. Ebenso auch die Arbeit der zivilgesellschaftlichen Organisationen, die bestimmte existentielle Themen enttabuisieren und einen gesellschaftlichen Diskurs initiieren. Ein Netz europäischer NROs, wie z.B. Stiftungen in der BRD müssen in die Lage versetzt werden, im stärkerem Maße eine demokratische Subkultur zu fördern.

Eine weitere Isolierung der BRJ von den internationalen politischen und wirtschaftlichen Organisationen ist aus wissenschaftlicher Sicht nicht zu empfehlen. Eine Integration Jugoslawiens in den VN, in der OSZE und im Europarat sollte forciert werden, um die nationalistischen Bewegungen und die ethnische Polarisierung zu entkräften. Erst durch eine internationale Integration kann die tragische Situation des politischen Systems und im besonderen auch der demokratischen Kräfte überwunden werden.

Gerade während einer Eskalation des Kosovo-Konfliktes erwies sich die Nichtmitgliedschaft der BRJ in wesentlichen europäischen Organisatione wie der OSZE oder dem Europarat als störend. Da sich die jugoslawische Regierung auch nicht an Beschlüsse dieser Organisationen gebunden fühlte.

Eine ökonomische Isolationspolitik gegenüber der BRJ stärkt das bestehende nationalistische „System-Milošević". Dies bedeutet gleichzeitig, daß die Chancen für eine wirkliche gesellschaftliche Demokratisierung sich verschlechtern. Die zivilgesellschaftlichen Einflußpotentiale würden sich in solch einem Fall verringern.

Die Europäische Union würde – anstatt Konflikte auf dem Balkan zu verhindern – stetig neue Konflikte begünstigen, wenn nicht bald eng mit den demokratischen Kräften zusammengearbeitet wird und die Staatlichkeit der Bundesrepublik Jugoslawien nicht in Frage gestellt wird.

Für eine wirkliche Demokratisierung Jugoslawiens tragen die europäischen Demokratien eine tragende Verantwortung. Doch besteht gegenwärtig die Gefahr, daß aus einer solchen Verantwortung eine Teilhabe am Poker um eine demokratische Zukunft Jugoslawiens wird und hierbei die wenigen Chancen für eine Demokratisierung verspielt werden.

LITERATURVERZEICHNIS

Almond, Gabriel / Verba, Sidney: The Civic Culture; Princeton: 1963

Amnesty International: Bundesrepublik Jugoslawien – Zur Menschenrechtslage in der Provinz Kosovo; Bonn: 30.Juni 1998

Amnesty International: Jahresbericht 1998; Frankfurt/Main: 1997, S.79ff.

Antonić, Slobodan: Yugoslav Federalism – Functioning of the Federal and Republican Parliaments; erschienen in: Goati, Vladimir: Elections to the Federal and Republican Parliaments of Yugoslavia (Serbia and Montenegro) 1990-1996 – Analyses, Documents and Data; Berlin: 1998, S.52-60

Baćević, Ljiljana: Odnos prema masovnim medijima [Einstellungen gegenüber Massenmedien]; in: Mihailović, Srećko: Između Osporavanja i Podrške – Javno mnenje o legitimetetu treće Jugoslavije [Zwischen Ablehnung und Unterstützung – Öffentliche Meinung über die Legitimität des dritten Jugoslawiens]; Beograd: 1997, S.119-141

Bassir Pour, Afsané: Das Mittel mit der besten Überzeugungskraft – Das Embargo gegenüber Ex-Jugoslawien, erschienen in: Dittel, R. (Hrsg,): Europäischer Konfliktfall Ex-Jugoslawien – Versuch einer Bestandsaufnahme; Königsbrunn: 1993, S. 349ff. [Bassir Pour]

Beyme, Klaus v.: Systemwechsel in Osteuropa; Frankfurt/Main: 1994

Bibić, Adolf: Civil Society, Political Society, Democracy; Ljubljana: 1994

Bischof, Henrik: Perspektiven für ein Gross-Serbien (Studie der Abteilung Außenpolitikforschung der Friedrich-Ebert-Stiftung); Bonn: 1993

Braun, Gerald: Nord-Süd-Konflikt; Paderborn: 1989

Bremer, Thomas (Hrsg.): Serbiens Weg in den Krieg: kollektive Erinnerung, nationale Formierung und ideologische Aufrüstung; Berlin: 1998

Cani, Bahri: Na listi nema Albanaca, ima Mađara [Auf der Liste gibt es keinen Albaner, doch Ungaren]; erschienen in: Naša Borba, Beograd, vom 08.September 1997

Centar za politikološka istraživanja i javno mnenje: The Legitimacy of the Political System and the Value Profile of Yugoslavs – Basic Research Findings; (Expertise für die Friedrich-Ebert-Stiftung); Beograd: 1996 [CPIJM, 1996]

Clement / Eichner (u.A.): Wirtschaftsentwicklung in ausgewählten mittel- und südosteuropäischen Ländern; München: 1998

Cohen, Jean / Arato, Andrew: Civil Society an Political Theory; Cambridge (Mass.) / London: 1992

Dahl, Robert A.: Polyarchy: Participation and Opposition; New Haven: 1971

Đeković-Sachs, Lilijana: Kein Phönix aus der Asche? Die Wirtschaftssituation vor und in den Nachfolgestaaten Jugoslawiens, erschienen in: Dittel, R. (Hrsg,): Europäischer Konfliktfall Ex-Jugoslawien – Versuch einer Bestandsaufnahme; Königsbrunn: 1993, S. 115ff. [Đeković-Sachs, 1993]

Derens, Jean-Arnault: Separatistische Gelüste in Montenegro; erschienen in: dtsch. Ausgabe von Le Monde Diplomatique; Berlin vom 12.September 1997

Diamond, Larry: Toward Democratic Consolidation, in: Journal of Democracy. Vol.5, no.3, S.4-17, 1994

Dittel, Rudolf H. (Hrsg,): Europäischer Konfliktfall Ex-Jugoslawien – Versuch einer Bestandsaufnahme; Königsbrunn: 1993

Elsie, Robert: The Albanian Media in Kosovo and the Spectre of Ethnic Cleansing; erschienen in: SÜDOSTEUROPA, 44.Jg.; Ausg. 9-10/1995; München: 1995, S.614ff. [Elsie, 1995]

Friedrich-Ebert-Stiftung: Ergebnisse des zweiten Wahlganges der Präsidentschaftswahlen in Serbien (Expertise der Friedrich-Ebert-Stiftung, unveröffentlicht); Beograd: 08.12.1997

Goati, Vladimir: Elections to the Federal and Republican Parliaments of Yugoslavia (Serbia and Montenegro) 1990-1996 – Analyses, Documents and Data; Berlin: 1998

Goati, Vladimir: Political Development in the Federal Republic of Yugoslavia (1990-1996), in: ders.: Elections to the Federal and Republican Parliaments of Yugoslavia (Serbia and Montenegro) 1990-1996; Berlin: 1998 [Goati, 1998]

Goati, Vladimir: The Disintegration of Yugoslavia: The Role of Political Elites; erschienen in: Nationalities Papers (Special Topic Issue: The Disintegration of Yugoslavia: Inevitable or Avoidable?) Vol. 25 / No.3 (9/97); Washington: 1997, S.455-468

Grečić: O aktuelnim problemima razvojne politike Jugoslavije [zu den aktuellen Problemen der politischen Entwicklung in Jugoslawien]; Beograd: 1995 [Grečić, 1995]

Habermas, Jürgen: Strukturwandel der Öffentlichkeit; Darmstadt: 1962

Habermas, Jürgen: Theorie des kommunikativen Handelns; Frankfurt/Main: 1981

Habermas, Jürgen: Zur Rolle von Zivilgesellschaft und politischer Öffentlichkeit, in: ders.: Faktizität und Geltung. Beiträge zur Diskurstheorie des Rechts und des demokratischen Rechtsstaats; Frankfurt/Main: 1992, S.399-467

Handke, Peter: Eine winterliche Reise zu den Flüssen Donau, Save, Morawa und Drina oder Gerechtigkeit für Serbien; Frankfurt/Main: 1998

Handke, Peter: Sommerlicher Nachtrag zu einer winterlichen Reise; Frankfurt/Main: 1998

Hartmann, Florence: Trotz Sanktionen kein Nachgeben des Milošević-Regimes – Das Embargo gegenüber Ex-Jugoslawien, erschienen in: Dittel, R. (Hrsg,): Europäischer Konfliktfall Ex-Jugoslawien – Versuch einer Bestandsaufnahme; Königsbrunn: 1993, S. 353ff.

Heins, Volker: Ambivalenzen der Zivilgesellschaft, in: PVS, Jg.33 / 1992, Heft 2, S.235-242

Hobsbawm, Eric J.: Nationen und Nationalismus – Mythos und Realität seit 1780; Frankfurt/Main: 1992

Ivanišević, Alojz: Die Rolle der Konfession bei Serben und Kroaten; aus: Heuberger, Valeria: Nationen, Nationalitäten, Minderheiten: Probleme des Nationalismus in Jugoslawien, Ungarn [...]; Wien: 1994

Ivanović, Miroslav: Budućnost evrope u svetlosti dveju koncepcija razvoja ljudske zajednice [Die Zukunft Europas im Licht zweier Konzeptionen von menschlicher Gemeinschaft]; erschienen in: Sociološki pregled, 1994 / Nr. 4, Beograd: 1994, S.471-480

Judge, Anthony: NGOs and Civil Society: Some Realities and Distortions – the challenge of „Necessary-to-Governance Organisations" (NGOs); Arbeitspapier für Tagung „Staat und Gesellschaft" vom Public Policy Center (6.-8.Dezember 1994, Moskau, GUS); Moskau: 1994

Kaplan, Robert D.: Die Geister des Balkan – Eine Reise durch die Geschichte und Politik eines Krisengebietes; Hamburg: 1993

Keane, John: Civil Society and the State – New European Perspectives; London / New York: 1988

Keane, John: Democracy and Civil Society: On the Predicaments of European Socialism: the Propects for Democracy and the Problem of Controlling Social and Political Power; London: 1988

Kirchheimer, Otto: Politik und Verfassung; Frankfurt/Main: 1964 [Kirchheimer, 1964]

Kolin, Marija: Serbian Third Sector at a Crossroads – A Bridge to Europe, a weak ‚Alternative', or how to make it sustainable?; Handout für die 3. Internationale Konferenz der International Society for Third Sector Research, Genf im Juli 1998; Beograd: 1998

Kostić, Vesna: Dinar i marka – Senzor bede [Dinar und Mark – Sensor des Elends], erschienen in: Vreme, 26. April 1997, Beograd: 1997

Kovačević, Aleksandar: Tranzicija – Zamke privatizacije [Privatisierungsfalle], erschienen in: Vreme, 15. März 1997, Beograd: 1997

Kühnberger, Peter: Die Wirtschaftssanktionen der Vereinten Nationen gegen die Bundesrepublik Jugoslawien von 1992-1996; erschienen in: Österreichische Osthefte, Wien: Jg. 39/1997, Heft 2; S.255ff.

Kunz, Didier: Le gouvernement grec promet et les trafiquants trafiquent; erschienen in: Le Monde vom 8. April 1993 (Paris)

Kusturica, Emir: Schwarze Katze, weißer Kater, Komödie über das Schicksal eines Schmugglers während der internationalen Sanktionen, Jugoslawien/BRD (Verleih ArtHAUS)/Frankreich: 1998

Kuzmanović, Bora: Stav prema participativnom upravljanju [Einstellungen zum partizipativen Management]; in: Mihailović, Srećko: Između Osporavanja i Podrške – Javno mnenje o legitimitetu treće Jugoslavije [Zwischen Zustimmung und Ablehnung – Öffentliche Meinung zur

Legitimität des dritten Jugoslawiens]; Beograd: 1997, S. 168-191 [Kuzmanović, 1997]

Lauth, Hans-Joachim / Merkel, Wolfgang (Hrsg.): Zivilgesellschaft im Transformationsprozeß - Länderstudien zu Mittelost- und Südeuropa, Asien, Afrika, Lateinamerika und Nahost; Mainz: 1997

Lück-Jarczyk, Cornelia: Entwicklung der wirtschaftlichen und sozialen Situation; (Expertise für die Friedrich-Ebert-Stiftung); Beograd: 1996

Lutovac, Zoran: The Participation of Minorities in Political Life; Goati, Vladimir: Elections to the Federal and Republican Parliaments of Yugoslavia (Serbia and Montenegro) 1990-1996 – Analyses, Documents and Data; Berlin: 1998, S.126-140

Marković, Brana: Socialists and Social Democrats in FR Yugoslavia – Panorama, Influence, Programmes; erschienen in: dies. (Hrsg.): Social Democracy in Europe Today – Internationale Roundtable; Beograd: 1997, S.149ff.

Matić, Jovanka: The Role of the Media – Media Portraits of Government and Opposition; erschienen in: Goati (Hg.): Elections to the Federal and Republican Parliaments of Yugoslavia (Serbia and Montenegro) 1990-1996; Berlin: 1998; S.109-125 [Matić, 1998]

Meier, Viktor: Wie Jugoslawien verspielt wurde; München: 1995

Mihailović, Srećko: Ideološki profil stranačkih pristaša – Ideološki korelati izbornih orijentacija [Ideologisches Profil der Parteigänger – Ideologie und Wahlentscheidungen]; erschienen in: Sociološki pregled, 1994 / Nr.1, Beograd: 1994, S.27-36

Mihailović, Srećko: Između Osporavanja i Podrške – Javno mnenje o legitimetetu treće Jugoslavije [Zwischen Ablehnung und Unterstützung – Öffentliche Meinung über die Legitimität des dritten Jugoslawiens]; Beograd: 1997

Miletić, Nikola: The serbian orthodox church today; erschienen in: Balkan Forum, 1997 / Nr. 2; Skopje: 1997, S.297-315

Minzel, Alf: Ex-Jugoslawien – das Scheitern einer ezwungenen multikulturellen Gesellschaft; in: ders.: Multikulturelle Gesellschaften in Europa und Nordamerika – Konzepte, Streitfragen, Analysen, Befunde; Passau: 1997, Seiten 390-408

Naudet, Jean-Baptiste: Une politique prend l'eau sur le Danube; erschienen in: Le Monde vom 8.April 1993 (Paris) [Naudet]

Offe, Claus: New Social Movements - Challenging the Boundaries of Institutional Politics, aus: Social Research, Vol. 52, No. 4 (Winter 1985), S.817ff.

Oschlies, Wolf: Ex-Jugoslawien '95 – Politisch-ökonomische Porträts der sechs Nachfolgestaaten, Berichte des Bundesinstituts für ostwissenschaftliche und internationale Studien Nr.54/1995; Köln: 1995 [Oschlies, 1995]

Pantić, Dragomir (Hrsg.): Fragmenti Politički Kulture [Fragmente der politische Kultur]; Beograd: 1998

Pantić, Dragomir (Hrsg.): Socijalni konflikti u zemljama tranzicije [Soziale Konflikte in Transitionsstaaten]; Beograd: 1996

Pantić, Dragomir: Value Orientations of the Electorate; Goati, Vladimir: Elections to the Federal and Republican Parliaments of Yugoslavia (Serbia and Montenegro) 1990-1996 – Analyses, Documents and Data; Berlin: 1998, S.69-86

Pantić, Dragomir: Vrednosti i Procesi Socijalne integracije i dezintegracije [Werte und der Prozeß der sozialen Integration und Ausgrenzung]; erschienen in: Tomanović, Velimir (Hrsg.): Integrativni i dezintegrativni procesi u zemljama tranzicije [Integrations- und Desintegrationsprozesse in Transitionsstaaten]; Beograd: 1998, S.227ff.

Petrović, Branka (Hrsg.): Directory of Nongovernmental Non-Profit Organizations in the Federal Republic of Yugoslavia; Beograd: ^{2}1997

Popov, Đorđe: Die Integration der Bundesrepublik Jugoslawien in die Weltwirtschaft nach Aufhebung der Sanktionen des Sicherheitsrates der Vereinten Nationen – Perspektiven und Schwierigkeiten; Berichte aus dem Weltwirtschaftlichen Colloquium der Universität Bremen; Bremen: 1996 [Popov, 1996]

Popović, Dana: Gde je ključ naših ekonomskih neuspeha [Wo ist der Schlüssel zu unserem ökonomischen Mißerfolg?]; erschienen in VREME, 24.Juli 1999, S.10 [Popović, 1999]

Popović, Tomislav: The Basis of Transition and Privatisation Programme (The Yugoslav Case); Beograd: 1996 [Popović, 1996]

Rambouillet-Abkommen; abgedruckt in dtsch. Übersetzung in: Blätter für deutsche und internationale Politik, Heft 5/99.

Reljić, Dušan: Die Bundesrepublik Jugoslawien (Serbien und Montenegro); in: Weidenfeld, W. (Hrsg): Demokratie und Marktwirtschaft in Osteuropa – Strategien für Europa; Bonn: 1996, S.325-345 (Reljić, 1996)

Reljić, Dušan: Medien im ehemaligen Jugoslawien – Abgleiten in die Vergangenheit; erschienen in: SÜDOSTEUROPA, 43.Jg., Nr. 8 / 1994, S.509-516 [Reljić, 1994]

Reuter, Jens: Die Wirtschaft der BR Jugoslawien nach der Suspendierung der Sanktionen; erschienen in: SÜDOSTEUROPA (München), 45.Jhg., Heft 8/1996 [Reuter, 1996]

Reuter, Jens: Die Wirtschaftskrise in der BR Jugoslawien. Reformen im Schatten von Krieg, Embargo und schleppender Transformation; erschienen in: SÜDOSTEUROPA (München), 43.Jhg., Heft 4/1994 [Reuter, 1994]

Reuter, Jens: Wirtschaftliche und soziale Probleme im neuen Jugoslawien; erschienen in: SÜDOSTEUROPA (München), 42.Jhg., Heft 5/1993 [Reuter, 1993]

Rüb, Matthias: Balkan Transit – Das Erbe Jugoslawiens; Wien: 1998

Rüb, Matthias: Machtkampf in Montenegro; erschienen in: Frankfurter Allgemeine Zeitung, Frankfurt/Main vom 31. Juli 1997

Rusinov, Dennison: Minorities in Domestic Politics: Yugoslavia; aus: Heuberger, Valeria: Nationen, Nationalitäten, Minderheiten: Probleme des Nationalismus in Jugoslawien, Ungarn [...]; Wien: 1994

Savezni Zavod za Statistiku [Statistisches Bundesamt, BRJ]: Nacionalni sastav stanovništva [Nationale Zusammensetzung der Bevölkerung], erschienen in: Jugoslovenski Pregled 1/1992, Beograd: 1992 S.3-22

Savezni Zavod za Statistiku: Statistički Godišnjak SFR Jugoslavije 1989 [Statistisches Jahrbuch der SFR Jugoslawien 1989]; Beograd: 1989 [SGJ 1989]

Savezni Zavod za Statistiku: Statistički Godišnjak Jugoslavije 1992 [Statistisches Jahrbuch Jugoslawien 1992]; Beograd: 1995 [SGJ 1992]

Savezni Zavod za Statistiku: Statistički Godišnjak Jugoslavije 1997 [Statistisches Jahrbuch Jugoslawien 1997]; Beograd: 1997 [SGJ 1997]

Savezni Zavod za Statistiku: Yugoslavia in Figures; Beograd: 1996

Schui, Herbert (u.A.): Wollt Ihr den totalen Markt? Der Neoliberalismus und die extreme Rechte; München: 1997 (insbesondere S.21-112)

Seewann, Gerhard: Die Ethnostruktur der Länder Südosteuropas aufgrund der beiden letzten Volkszählungen im Zeitraum 1977-1992; erschienen in: SÜDOSTEUROPA, 42.Jahrgang, 1/1993, S.79ff.; München: 1993

Sekelj, Laslo: „Real-existing Selfmanagement" and the Disintegration of Yugoslavia; erschienen in: SÜDOSTEUROPA (München), 41.Jhg.; Heft 5/1992 [Sekelj, 1992]

Sekelj, Laslo: Wahlen in Transitionsprozess Serbiens / Rest-Jugoslawiens (Manuskript für DVPW-Kongreß im Oktober 1997); Beograd: 1997

Sundhaussen, Holm (Hrsg.): Südosteuropa zu Beginn der Neunziger Jahre – Reformen, Krisen und Konflikte in den vormals sozialistischen Ländern; Wiesbaden / Berlin: 1993

Tocqueville, Alexis de: Über die Demokratie in Amerika; Stuttgart: 1985

Tomanović, Velimir (Hrsg.): Integrativni i dezintegrativni procesi u zemljama tranzicije [Integrations- und Desintegrationsprozesse in Transitionsstaaten]; Beograd: 1998

Topić, Lidija: Odnos građana prema liberalnoj demokratiji [Einstellungen von Bürgern gegenüber liberaler Demokratie]; erschienen in: Mihailović, Srećko: Između Osporavanja i Podrške – Javno mnenje o legitimetetu treće Jugoslavije [Zwischen Ablehnung und Unterstützung – Öffentliche Meinung über die Legitimität des dritten Jugoslawiens]; Beograd: 1997, S.192-212

Uvalić, Milica: Rückkehr zur Zusammenarbeit? Wirtschaftliche Probleme und Aussichten der Nachfolgestaaten des ehemaligen Jugoslawiens; erschienen in: Europäische Rundschau, Wien: 1/1997, S.53ff.

Vasić, Mark: „Ajmo, Ajde svi u Bojkot" – Zur Lage einer demokratischen Option in Serbien; erschienen in: SPW- Zeitschrift für Sozialistische Politik und Wirtschaft, Heft 98, Köln: 1997

Vasić, Mark: Die Lage und die Perspektive einer demokratischen Option in Serbien im Herbst / Winter 1997 (Wahlanalyse der Parlamentswahlen vom 21. September 1997); Beograd: 01. Oktober 1997

Vasić, Miloš: Drama »Naše Borbe« - Zamrznute novine [eingefrorene Zeitung], erschienen in: Vreme, Nr. 410 (29.August 1998), Beograd: 1998

Veljak, Lino: The Collapse and Reconstruction of Legitimacy: An Introductory Remark; erschienen in: Nationalities Papers (Special Topic Issue: The Disintegration of Yugoslavia: Inevitable or Avoidable?) Vol. 25 / No.3 (9/97); Washington: 1997, S. 443-454

Vukomanović, Dijana: A Short History of Political Parties; erschienen in: Goati, Vladimir: Elections to the Federal and Republican Parliaments of Yugoslavia (Serbia and Montenegro) 1990-1996 – Analyses, Documents and Data; Berlin: 1998, S.35-52

Vuković, Željko: Einstürzende Festungen – Über den jugoslawischen Zerfall und die europäischen Wirren; Bonn: 1996

Walzer, Michael: Was heißt zivile Gesellschaft? In: ders.: Zivile Gesellschaft und amerikanische Demokratie; Frankfurt/Main: 1996, S.64-97

Weckbecker, Arno: Die Entwicklung der politischen Parteien im ehemaligen Jugoslawien; München: 1997

ZDF / ARTE: Manuskript der Reportage Serbien, „Metropolis"-Sendung vom 23. Januar 1999, gesendet auf Arte, Arte/ZDF/Westend Film & TV Produktion, 1999

THE PROCESS OF DEMOCRATIZATION WITH CIVIL SOCIETY IN YUGOSLAVIA (SUMMARY)

1. Hypothesis

The political life in the Federal Republic of Yugoslavia (FRY) receives in the state and political sciences of the Western European states only few attention. With the exception, that military conflicts endanger the peace and the stability of Europe or centraleast- and Southeast-European States of. In the passed months the argument around a possible secession or autonomy in the serbian provice Kosovo-Metohijy shifted the happening in the FRY in the light of a european publicity. Such a temporary and selective perception worsens the possible reaction and action potentials of the political community of the European states.

Instead of operating continuously toward a democratization of the FRY for years, the western european and transatlantic States could underline their apparent interests and targets only with a military intervention .

The southserbian province Kosovo-Metohija is now under international administration. But Kosovo is still a constituent of the Republic of Serbia and also a constituent of the FRY. Although the massive expulsion of the indigene population found an immediate end within the armistice of the yugoslavian state and the NATO – systematic persecution and murder happen in name of other diffuse nationalistic myths. Long-term, a political solution of the Kosovo conflict can be created only with the help of a general democratization of the Yugoslav society. A partial modification could unfold other unforeseen conflict potentials.

The weakness and the lack of perspectives of the democratic movement in Yugoslavia is an effect of the political isolation of the FRY on the international parquet by the international sanctions from 1992 to 1996. The sanctions nearly destroyed the civil society. This must be seen in the context of a Renaissance of chauvinistic ideas in far population sections, which supported the totalitarian regime of the Yugoslav president Slobodan Miloševic and its by Serbia centered policy. The nationalistic policy of the Yugoslav and Serbian regime and the international isolation on cultural, economic and political level led in particular to a political, economic and social polarization on the basis of ethnical criteria.

The prevailing distribution fights extracted and still extract the political basis from the democratic movement. The position of the democratic forces seems at this time bad, a possible political democratization is inconceivable at the moment.

If one refers the civil society as an intermediate instrument between the spheres of the public one and the private, it can be stated that civil society could unfold possible potentials for a social democratization. But civilian-society organizations are at present in a weak position. The weakness of the civilian-social organizations and the so-called " Peer Groups " is connected with a meaning gain of the family structures, which overcome the financial and social polarization at present. Just with the case example of the FRY it becomes clear, how civilian-society working is linked with the economic, social and political areas.

2. Perspectives of Democratization in Yugoslavia

The preceding sections show clearly that the current position in the serbian unrest province Kosovo is no situation unusual for yugoslav conditions. However, the terminology of ‘apartheid state’, which was often used in this context, does no justice to the actual political and social situation in the FRY. Rather the situation in Kosovo is an expression of a paralysis of the emancipate, egalitarian and democratic forces.

The international sanctions from 1992 to 1996 led to a complete decay of the civil society by a broad depletion. The society was seized by social dynamics, which strengthened centrifugal forces. The NATO intervention continued to intensify this development still.

In this context the situation of civil society has to be regarded in FRY. Due to the social modifications and the lacking of social security mechanisms (e.g. social systems, wage transfer payments etc..) family structures won increasingly its meaning. This means at the same time a meaning loss of the nongovernmental organizations and federations.

The terms "pluralism" and "participation" take a central meaning, but this words should not be evaluated as a counterpart to the parliamentary democracy. The selfinitiative, the commitment at social processes and the commitment for collective interests in alliances and organizations are - for such a view of democracy- from very high relevance.

In order to sew to the "target" of a pluralistic sharing system, economic, social and political requests must be fulfilled. These are defined in the following. From these requests presuppose particular particular requirements by program and strategics. These requirements are necessary for the work of the parliamentary and extra-parliamentary democratic forces.

2.1. Request of the political system

To modify the political system of Yugoslavia in the sense of a democracy, three basic conditions should be applied.

a.) **Stabilization of the legislative structures**: The democratic institutions of the Yugoslav state must overcome their political shadowy existence and they have to assume their democratic functions. This includes a re-valuation of the position of the president, the governments and the parliamentarism. The political competence belongs to the government, which was assigned by the parliament. The president should only assume representative functions. The parliament must be provided with the most important jurisdiction regarding to the political for the political opinion identification.

b.) **Revaluation of the political structures**: A revaluation of the political structures in favour of a political equal evaluation and an equal treatment of the republics and their federal institutions. The latter sets however a shift of competence and a shift of powers of decision ahead. Such authority shift goes debited to the action authority of the individual republics. It must be weighed out, to what extent a federal state without republic-spreading authority is to be called at all such.

c.) **Integration system henceforth subpopulations**: The composition of the population of Yugoslavia offers different political chances. Hitherto, the major part of the population minorities were pushed to the edge politically. If democratization of the political system is to take place, a broad integration of system henceforth subpopulations (e.g. Roma, albanian subpopulations) must be realized. Apart from the participation of population minorities in the administration and in state organs a readiness for the cooperation in the system is necessary. With the system boycott of a subpopulation a system cannot be completely questioned, on the contrary the possibilities for the sharing on social and political processes worsen. Thus the effects of a broad system boycott of the albanian population in the Serbian province Kosovo also appear in the occupation of the political functional points in state and administration.

2.2. Request of the economic system

The connections between the question about a democratization of a society and the solution of the precarious social and economic position are obvious. The ensuring of the reproduction represents a basic condition for the modification of the political and social formations - also in the FRY.

The economic development in the FR Yugoslavia during the sanctions led to a social polarization of the social participants, which is also present of importance. A social central layer (which was once the carrier of civil and democratic movement) is not existent any more, because the social standings in the social structure were seized by a dynamics of a social descent. For large sections of the population the shadowy economy increased its importance. Shadowy economy became necessary to protect surviving.

In the present economic and social situation only "Demand" politics can access and improve the life circumstances of the broad population. A beginning of a supply policy is unnecessary due to the bad social position of the population and the missing investments through foreign of capital.

3. Possible action clearance of the political parties

An important participant of the political system who is able to change political and economical conditions is the democratic opposition party. However these different parties must work together. The following aspects are important:

One aspect is a possible union of these political parties or at least a stronger co-operation in the context of a political alliance. Common integration figures have to defend the standpoint of the democratic parties in the public debates.

With elections these parties must place themselves on a common, uniform base by program. This base by program must contain clear conceptions for the solution of the social and economic problems in Yugoslavia. It should offer real contentwise alternatives to the conceptions of SPS and JUL. A democratic, internationalist alternative, who conceives demographic conditions as a chance for a democracy, must face the nationalistic policy of S. Milošević.

A second feature of the democratic opposition is the inclusion of ethnical minorities. The status of the monoethnical adjustment must be overcome. Only by the common work with the democratic forces of the Albanian, Muslim or Hungarian subpopulations a broad base of the population for democratization process can be won.

By the selection boycott the boycotting parties lost their whole influence on political living and supported the radical leader Šešelj. In the future distance must be taken by such a strategy of the boycott. The democratic parties cannot accept a further separation and a further meaning loss. In the long run this could mean the end of the democratic movement.

4. Possibilities for a democratization with the help of the media

The alternative media plays a central role for a possible democratization of society. Essentially, the function of these independent media is to report on political events independently of the policital forces, thus independently of the government and the oppositionals parties and organizations. These substantial political discussions, which took place so far in Yugoslavia in the bistros and cafés, must be institutionalized and be led on larger level. For this newspapers and electronic media offer themselves. Another fixed constituent of this report has to be the integration of social fringe groups, e.g. refugees from BiH or Croatia, Roma.

In the sector of the daily papers it is to be rather assumed that a small number of supraregional alternative daily papers will become generally accepted against the bulk of the state-faithful daily papers. However the field of the local daily papers (thus with a rather small territorial spreading) offers large chances for democratic initiatives.

5. Action space for civil society

The socio-political commitment of the NGOs in different fields of the political and economic life of the FRY can make important contributions for a socio-political democratization. Three possible aspects will be from central relevance:

- To pull a use from a (multi-ethnical) population composition, in order to use it as potential for a broad social participation and as basis for a common Yugoslav state.
- A decartelization of the spheres of influence of social and economic elite.
- The overcoming of master and family linkages, which adjust social inequalities as safety net in the present position.
- Deep social barriers can be only overcome, if there are organizations and groups which occur over ethnical boundaries away for common interests.

The major part of the existing NROs sets up demands for the partial modification of individual structure features of the political or economic system. The questioning of the existing power constellations is forced only by a small number of NROs. These however can exert influence on the political decision makers (also on local level) in only very small way, because they are structurally only very weak organizations.

6. Intervention potentials of the European states

At least after the military conflict between NATO and the FRY the responsibility of the Western European states for the future democratic development of Yugoslavia becomes clear. No matter whether the sanctions and the military intervention in the spring

1999 were authorized or not, efficiently or inefficiently, they strengthened politically the regime Miloševic and speeded up a meditation on the native country, which carries nation and a cultural identity inadvertently.

At present, the national wing is very much pronounced in the political landscape. Also in the oppositional spectrum nationalistic groupings engage themselves. A further political isolation of Yugoslavia, e.g. in the question of the economic stabilization of the region (in the context of a multinational "stability pact"), could advance such a development.

The danger is not represented in the leadership of the Yugoslav president Milošević,. It is rather a political variable, e.g. its adversary and fellow combatant Šešelj, who become increasingly more important in the political happening in Yugoslavia.

As long as the democratic movement has no charismatic integration figure, who could be used as an alternative for Milošević, the danger of the vice-president of Serbia, Šešelj, will not be banned.

A peaceful and democratic solution of the political and economic problems cannot be found with or without Milošević not to completes. This can change itself only, as soon as the democratic parties act closed. This change demands the support of the foreign country, if a stabilization and a democratization of this region are forced.

A commitment even of the Western European states could advance substantial processes regarding a social democratization in the FRY. An institutionalizing of contacts between organizations and parties could represent a first step. So far there is no closer cooperation of the democratic parties of Europe and the Yugoslav parties.

The important work of the independent, democratic media landscape must be promoted idealistically and financially in a stronger measure than so far. Just as civil-society organizations, which remove the taboo from certain vital topics and start up a social discourse. A network of European NROs, e.g. donations in the FRG must be in a position to promote democratic subculture in a stronger measure than before.

A further isolation of the FRY by the international political and economical organizations is not recommended from scientific view. An integration of Yugoslavia into the UN, the OSCE and in the European Council is forced, in order to weaken the nationalistic movements and the ethnical polarization. Only by an international integration the tragic situation of the political system and in special the situation oft the democratic forces can be overcome.

Even during the escalation of the Kosovo conflict, the non-member shank of the FRY in substantial European Organisations like the OSCE or the European Council proved to be disturbing. Beyond it, the Yugoslav government felt also not bound to resolutions of these organizations. An economic policy of isolation strengthens the existing nationalistic "system Milošević". This means at the same time that the chances for a real social democratization worsen. The influence of the potentials of civil-society would be reduced in such a case.

The European Union would favour new conflicts, if they are not willing to co-operate closely with the democratic forces. The nationalness of the Federal Republic of Yugoslavias should not be questioned.

For a real democratization of Yugoslavia the European democracies carry a basic responsibility. At present, the danger consists of such a responsibility, is a sharing at the Poker around a democratic future of Yugoslavia risks the few chances for democratization.

STICHWORTVERZEICHNIS

L

M

O

P

R

S

T

U

V

W

Z

Printed by
CPI books GmbH, Leck